MASURISCHE SEEN

INSIDER-TIPP
Deine Abkürzung ins Erleben!

Reisen mit MARCO POLO Insider-Tipps

MARCO POLO TOP-HIGHLIGHTS

ALTSTADT (STARE MIASTO) OLSZTYN 1

Die schönste Old Town der Region. Rings um Hohes Tor, Markt und den Boulevard Staromiejska tobt das Leben

Tipp: Vom Turm der Allensteiner Burg machen sich die Fotos fast von selbst

➤ S. 42, Der Westen

WALLFAHRTSKIRCHE MARIÄ VERKÜNDIGUNG 2

Der reich verzierte Barockbau macht Święta Lipa (Heiligelinde) zum wichtigen Wallfahrtsort

➤ S. 49, Der Westen

KRUTYNIA (KRUTTINNA) 3

Der polnische Paddelfluss schlechthin. Hier bleibt kein Kajak trocken

Tipp: Positionier dich im Dorf Ukta auf der Brücke, um die ankommenden Kajakgruppen abzupassen

➤ S. 68, Der Süden

MIKOŁAJKI (NIKOLAIKEN) 4

Das touristische Herz Masurens. Hier beginnen und enden die meisten Bootsausflüge

Tipp: Die Fußgängerbrücke ist schön, aber den besten Bildausschnitt gibt's von der Autobrücke

➤ S. 56, Der Süden

JEZIORO NIDZKIE (NIEDERSEE) 5

Herrlich einsam ist der mal blau, mal tiefgrün schillernde, wunderschöne See

➤ S. 64, Der Süden

FESTE BOYEN 6

Die gewaltige Festung in Giżycko sollte einst die Ostgrenze des Deutschen Reichs schützen

➤ S. 84, Der Norden

WILCZY SZANIEC (WOLFSSCHANZE) 7

Zu Ehren von Stauffenberg und Co. – im „Führerhauptquartier" wäre Hitler beinahe gestoppt worden

➤ S. 80, Der Norden

SCHMALSPURBAHN 8

Nostalgie kommt auf, während man im kleinen Zug durchs verträumte Ostmasuren bummelt

Tipp: Kurz vor dem Zielbahnhof Sypitki überquert die Bahn eine denkmalgeschützte Brücke

➤ S. 99, Der Osten

PUSZCZA ROMINCKA (ROMINTER HEIDE) 9

Dahinter ist nur noch Russland – die Rominter Heide ist ein Urwald geblieben

➤ S. 105, Der Osten

VIADUKTE 10

Die Eisenbahnbrücken in Stańczyki galten einst als Wunder der Technik (Foto)

Tipp: Die gewaltigen Ausmaße der Brücken hältst du am besten von ganz unten fest

➤ S. 105, Der Osten

INHALT

MARCO POLO TOP-HIGHLIGHTS

DAS BESTE ZUERST

SO TICKEN MASURENS SEEN

ESSEN, SHOPPEN, SPORT

MARCO POLO REGIONEN

ERLEBNISTOUREN

GUT ZU WISSEN

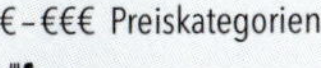

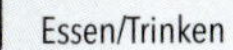

Besuch planen
€–€€€ Preiskategorien
Essen/Trinken
Shoppen
Ausgehen
Top-Strände

(A2) Herausnehmbare Faltkarte
(0) Außerhalb des Faltkartenausschnitts

BESSER PLANEN MEHR ERLEBEN!

Digitale Extras
go.marcopolo.de/app/mas

DAS BESTE ZUERST

Masuren – verträumtes Land der 1000 Seen

LICHT IM DUNKEL
Ein Besuch der Wallfahrtskirche *Święta Lipka* ist genau das Richtige für einen Regentag – allein der Anblick der gelb-weißen Barockfassade hellt die Stimmung spürbar auf. Bei einem Orgelkonzert wird's dir dann richtig warm ums Herz.
➤ S. 49, Der Westen

HÜHNERSTALL MIT KANONEN
In den Kasematten der *Festung Boyen* in Giżycko ist man gegen jedes Wetter gewappnet: Das Museum drinnen zeigt die wechselvolle Geschichte der Bastion, die auch schon mal ein Hühnerstall, ein Käsereifegewölbe und ein Getreidelager war.
➤ S. 84, Der Norden

BAUERNHÄUSER WIE ANNO DAZUMAL
Bei Danuta und Krzysztof Worobiec in *Kadzidłowo* hält man es locker einen ganzen Regentag aus, wenn die zwei von ihrer Passion erzählen, altmasurische Häuser vor dem Verfall zu bewahren. Vier haben sie schon originalgetreu wieder aufgebaut (Foto) und mit historischem Hausrat eingerichtet.
➤ S. 70, Der Süden

ZU GAST BEI RITTERN
Auf der *Rastenburg* in Kętrzyn erfährst du, warum die Mönchsritter des Deutschen Ordens sich einst mit so dicken Backsteinmauern umgaben. Auch die Georgskirche nebenan wirkt eher wie eine Burg – was vor 700 Jahren auch äußerst zweckmäßig war.
➤ S. 80, Der Norden

EINFACH BADEN GEHEN
Der *Aquapark Mosir* in Ełk ist der perfekte Fluchtort bei richtigem Schmuddelwetter oder wenn die Seen noch zu kalt sind. Spaßbad, Fitness, Sauna, Jacuzzi, Massagen, Solarium – frag lieber, was es hier nicht gibt.
➤ S. 100, Der Osten

FÜR DEN KLEINEN GELDBEUTEL

ZU GAST BEI JOURNALISTINNEN

Der *Alte Jagdhof* in Gałkowo bewahrt im Marion-Dönhoff-Salon das Andenken an die frühere „Zeit"-Herausgeberin. Der Eintritt ist frei. Betreut wird der Salon von der Journalistin Renate Marsch, die als Masuren-Kennerin noch manchen Reisetipp parat hat.

➤ S. 69, Der Süden

EIN SOMMER VOLLER KUNST

Beim *Olsztyner Kunstsommer* von Mitte Juni bis Anfang September sind viele Konzerte gratis, im Amphitheater oder in der Altstadt. Und Open-Air-Kino gibt's auch. Erst recht bunt wird es, wenn im August das Danziger Straßentheater-Festival zu Besuch ist.

➤ S. 123, Feste & Events

EISIGES VERGNÜGEN

Im Winter verwandeln sich die zugefrorenen Seen Masurens in die Arena der polnischen Eissegler-Szene, deren Zentrum das *Hotel Gołębiewski* in Mikołajki ist. Nicht nur Hotelgäste dürfen an kostenlosen Aktionstagen auch mal selbst den rasanten Sport ausprobieren (Foto).

➤ S. 56, Der Süden

KUCHEN IM WASSERTURM

Geschenkt bekommt man den Kuchen im Café des Vereins der deutschen Minderheit in Ełk nicht, aber wer würde das erwarten? Dafür gibt's im *alten Wasserturm* für ganz kleines Geld große Gastfreundschaft und Gratistipps für deine Masurenreise.

➤ S. 99, Der Osten

BUTTERFASS UND QUETSCHKOMMODE

Für einen kleinen Obolus öffnet Krystyna Dickti im Dörfchen Sądry ihr privates *Heimatmuseum* – ein herrliches Sammelsurium aus altmasurischen Bauernmöbeln und Gerätschaften, die heute kein Mensch mehr kennt.

➤ S. 79, Der Norden

BEST OF

MIT KINDERN

SPANNENDES FÜR GROSS & KLEIN

KOMMT EIN STORCH GEFLOGEN

In Masuren trifft man fast überall auf diese schönen großen Vögel. Sie stehen in ihren schweren Nestern auf Dächern, Schornsteinen und Strommasten und haben daher ein klein wenig ihre Menschenscheu abgelegt. Doch nur im Dorf *Żywkowo* wohnen mehr Klapperstörche als Menschen.

➤ S. 47, Der Westen

ZU BESUCH BEI KLEMENTYNA

Der *Wildtierpark von Kadzidłowo* (Foto) mit seinen Bibern, Ottern, Hirschen, Wölfen, Wisenten und Dutzenden anderer Tiere ist ein Traum für Kinder. Es ist kein Zoo, und doch kommen sie bei Führungen Bewohnern wie der Eselin Klementyna tierisch nah.

➤ S. 70, Der Süden

DRAHTSEILAKT

Natürlich sind die insgesamt 500 m langen Kletterparcours im *Hochseilgarten Piękna Góra* mit verschiedenen Schwierigkeitsgraden auch was für erwachsene Abenteurer, aber extra abgesicherte Routen für Kinder machen das Ganze zu einem echten Familienerlebnis.

➤ S. 104, Der Osten

TUFF, TUFF, TUFF

In *Ełk* kriegen nicht nur reifere Nostalgiker feuchte Augen, wenn sie die historische Schmalspurbahn andampfen hören. Auch Kinder sind sofort fasziniert, wenn sie so ein schnaufendes Stahlross ganz nah sehen.

➤ S. 99, Der Osten

UNTERM STERNENHIMMEL

Das *Planetarium* von Olsztyn ist sicher nicht die größte Sehenswürdigkeit der Stadt. Aber für die Kleinen bestimmt eine der attraktivsten. Es gibt regelmäßig spezielle Vorstellungen für Kinder und für die Wartezeit davor oder danach einen kleinen Spielplatz.

➤ S. 42, Der Westen

BEST OF

TYPISCH

DAS ERLEBST DU NUR HIER

WILDE WÄLDER

Aus den einstigen Jagdrevieren der Herrscher Preußens wie der *Puszcza Borecka* sind längst Naturreservate und die letzten Urwälder Europas geworden. Hier sagen sich Luchs und Adler gute Nacht, hier leben Wölfe und die stärksten Hirsche Europas.

➤ S. 89, Der Norden

EIN FLUSS ZUM TRÄUMEN

Auf über 100 km fließt die *Krutynia* gemächlich von See zu See, einer bezaubernder als der andere. Kristallklares Wasser, sanfte Strömung, Biwakplätze in feenhaft schöner Natur: Kein Wunder, dass sie zu den beliebtesten Kanustrecken Europas zählt (Foto).

➤ S. 51, Der Westen, S. 68, Der Süden

NAH AM WASSER GEBAUT

Früher landeten die Fischer in *Giżycko* ihren Fang aus dem Löwentin-See an. Heute ist Masurens größte Stadt fest in der Hand des Bootstourismus: Im Jachthafen ragt ein Wald von Masten auf, und über der Promenade schwebt ein Hauch südlich-maritimen Flairs.

➤ S. 82, Der Norden

DAS MEER UNTER DEN SEEN

„Masurisches Meer" wird der Spirdingsee auch genannt. Und tatsächlich kann Polens größter Binnensee ziemlich wildbewegt sein. Doch wenn sich das Wolkentheater an einem Sommertag in ihm spiegelt, wirkt der *Jezioro Śniardwy* wie geschaffen für die melancholische Weite Masurens.

➤ S. 58, Der Süden

AM ABGRUND DER GESCHICHTE

Im Wald bei Kętrzyn ragen zerborstene Betonkolosse aus dem Boden: die ehemaligen Bunker des Führerhauptquartiers, von dem aus Hitler ab 1939 den Überfall auf die Sowjetunion befehligte. Heute ist die *Wolfsschanze* ein gespenstisches Freilichtmuseum.

➤ S. 80, Der Norden

SO TICKEN MASURENS SEEN

An Farbenpracht kaum zu übertreffen: masurische Trachten

ENTDECKE DIE MASURISCHEN SEEN

Auf weiten Wiesen weiden Pferde, in den dichten Wäldern dahinter leben Wisente

Das „Land ohne Eile" – viel treffender als der masurische Schriftsteller Arno Surminski kann man es kaum beschreiben: Masuren, die Wald- und Seenlandschaft im Nordosten Polens, die auf der Karte aussieht wie ein farbenfrohes Gemälde mit viel Grün, viel Blau und ganz viel Freiraum. Wie gemacht für Wanderungen, Ausritte, Segeltörns, Rad- und Paddeltouren.

DIE LAUNEN DER GESCHICHTE

In Masuren verknüpft sich deutsche mit polnischer Geschichte. Zeitzeugen sind prachtvolle alte Adelssitze und mächtige Ordensburgen, aber auch Hitlers Hauptquartier Wolfsschanze, in dem Weltgeschichte geschrieben wurde. Und ja, alle Orte, alle Seen, alle Wälder haben einen polnischen und einen alten, deutschen Namen. Warum auch nicht – im Lauf der Geschichte geschehen nun mal die verrücktesten Dinge.

- **Ab 500 n. Chr.** Die pruzzischen Stämme der Galinder, Sudauer und Barten siedeln sich an
- **13./14. Jh.** Der Deutsche Orden unterwirft die Pruzzen und holt deutsche Siedler ins Land
- **1525** Auflösung des Ordensstaats; die Region wird polnisches Hoheitsgebiet
- **1918** Nach fast 150 Jahren der Teilungen wird Polen wieder ein souveräner Staat
- **1920** Versailler Vertrag: 97 Prozent der Masuren stimmen gegen den Anschluss an Polen und für Ostpreußen

SO TICKEN DIE MASURISCHEN SEEN

DAS GESCHENK DER RUHE

In Masuren zieht die Zeit noch immer stille Kreise. Okay – es holpern auch im „Land der dunklen Wälder" kaum noch Pferdefuhrwerke über Kopfsteinpflaster, und die verklärte Romantik mit der Gänsefamilie auf der Dorfstraße und Bauern, die am Wegesrand duftendes Heu wenden, gehört eher ins Geschichtsbuch als in den Alltag der Menschen hier. Doch immer noch klappern, wohin du auch schaust, Störche auf ihren Nestern, glitzern hinter Waldsäumen Seen auf, in denen sich das sagenhafte Blau des masurischen Himmels spiegelt. Die Landschaft weckt noch heute Erinnerungen an Geschichten aus dem alten Ostpreußen, wie sie Marion Gräfin Dönhoff in ihrem „Ritt durch Masuren" aufgeschrieben hat. Im Mai blühen die Wiesen, später im Sommer wiegen sich Mais, Weizen und Hafer im Wind auf weiten Feldern, von Kornblumen und Klatschmohn eingerahmt, und auf den Weiden dösen die Kühe. Die Dörfer: klein bis winzig, die Häuser meist schlicht. In den Gärten flattert Wäsche zum Trocknen, in den Höfen gackern Hühner. Das Leben nimmt sich Zeit hier. Masuren ist ein Land von sanfter Schönheit. Nur der Autoverkehr nimmt ein wenig von der Idylle.

LUFT ZUM ATMEN

Die urwüchsige Moränenlandschaft ist ein Produkt der sogenannten Weichsel-Kaltzeit, wie die Seenplatte in Mecklenburg-Vorpommern. Hier wurden auch zu sozialistischen Zeiten kaum umweltschädliche Industrien angesiedelt. Nur in der kalten Jahreszeit stinkt es, weil in Polen in Privathäusern immer noch viele

1945/46 Die meisten deutschen Bewohner fliehen. Masuren wird polnisch

1980 Die Solidarność entsteht

1988/89 „Runder Tisch" und erste freie Wahlen in Polen, Ende der kommunistischen Herrschaft

2004 Polen wird Mitglied der EU (NATO-Beitritt 1999)

2022 Polen nimmt geschätzt 1,5 Mio. ukrainische Kriegsflüchtlinge auf

2023 Die Wahl am 15. Oktober sehen viele als Schicksalswahl

schlechte Brennstoffe verheizt werden. Weite Teile der Region stehen als Naturreservate unter besonderem Schutz – Masuren gehört zu den Kronjuwelen im grünen Netz der Naturlandschaften Europas. Und zu seinen beliebtesten Urlaubsregionen. Die Menschen hier leben traditionell von der Landwirtschaft – aber auch immer mehr vom Tourismus.

FERIEN AUF DEM WASSER

Eine Landpartie bedeutet in Masuren nicht nur Wandern, Radfahren und Reiten, sondern auch Segeln, Surfen, Schwimmen und Tauchen. Überall gibt es kleine und größere Badestrände, durch Flüsse und Kanäle sind viele der fast 3000 Seen miteinander verbunden und fordern ausgedehnte Bootstouren und Segeltörns geradezu heraus. Wer will, kann mehrere Wochen auf der Masurischen Seenplatte kreuzen, ohne einen Hafen ein zweites Mal anzusteuern. Und wenn es mit dem Segelschein immer noch nicht geklappt hat: Setz dich einfach ins Kajak – die kleine Krutynia ist einer der schönsten Paddelflüsse Europas!

WO MASUREN MASUREN IST

Was ist eigentlich Masuren? Jeder kennt es, aber keiner weiß, wo genau die Grenzen liegen. Das könnte daran liegen, dass es nie wirklich welche gab, jedenfalls politisch gesehen. Das historische Masuren, das seinen Namen erst im 19. Jh. erhielt, liegt im Südosten des ehemaligen Ostpreußen. Das polnische Mazury ist größer und umfasst heute auch die südwestlich gelegene Region des Oberlands rund um Ostróda und die seenreiche Gegend um Suwałki im Nordosten. Auch die historische Region Ermland (polnisch: Warmia) wird zumindest touristisch oft mit „eingemeindet". Das ermländische Allenstein (Olsztyn) ist nicht nur die schönste, sondern auch die Hauptstadt der polnischen Wojewodschaft Warmińsko-Mazurskie (Ermland und Masuren).

ÜBER DIE BUCKEL NACH RUSSLAND

Nördlich der großen Seen, wo eiszeitliche Moränenketten die Landschaft prägen und ihr den Namen Mazury Garbate, „Buckliges Masuren", eingebracht haben, durchzieht ein bewachter Stacheldrahtzaun die Natur: die Grenze zur russischen Exklave Kaliningrad (Königsberg). Hier zerfließt das Masurenland in der melancholischen Weite des alten Ostpreußen, der Himmel wird hoch und schwerelos. Am Horizont dunkel schimmernd ein waldgrüner Saum: Dort beginnt die legendenumwobene Rominter Heide, polnisch Puszcza Romincka, jahrhundertelang Jagdrevier gekrönter Häupter, die hier die stärksten jemals in Europa bekannten Rothirsche erlegten. Heute ist das 140 km^2 große Urwaldgebiet zwischen Polen und Russland geteilt, auf masurischer Seite gibt es einige Wanderrouten. Masuren, ganz egal, wo genau es anfängt oder aufhört – dieses Fleckchen Erde ist etwas ganz Besonderes. Und eine Redewendung bleibt wohl immer wahr: Wer einmal in Masuren war, geht nie wieder ganz weg.

AUF EINEN BLICK

1,43 Mio.
Einwohner (Wojewodschaft Ermland-Masuren)

ca. 130
WISENTE
leben in der Puszcza Borecka

1,3 Mio.
Touristen im Jahr

Niedersachsen: ca. 13,6 Mio.

24.173 km²
Fläche

Hessen: 21.115 km²

HÖCHSTE ERHEBUNG: DYLEWSKA GÓRA
312 m

Wasserkuppe (Hessen): 950 m

KÄLTESTER MONAT
JANUAR
-3°C

in Suwałki

GRÖSSTER SEE: JEZIORO ŚNIARDWY (SPIRDINGSEE)
113,8 km²

Vierwaldstättersee: 113,6 km²

KNAPP 10.000 STORCHENPAARE

wurden zuletzt im Sommer in Ermland-Masuren gezählt

OLSZTYN

Größte Stadt mit 168.800 Einwohnern

BERÜHMTE PERSONEN
Siegfried Lenz, Udo Lattek, Ingrid v. Bergen, Arno Holz

ETWA 2000 MENSCHEN WOHNTEN 1944 IN DER WOLFSSCHANZE

MASURENS SEEN VERSTEHEN

ZU GAST BEI BAUERS

Der EU-Beitritt war ein Quantensprung für Polen, aber ganz besonders für die Landwirtschaft. Er löste landesweit einen massiven Modernisierungsschub aus. Auch in Masuren stellen viele Bauern ihre Produktion auf umweltgerechten Anbau um: Über 1000 Betriebe wirtschaften hier mittlerweile mit Öko-Zertifikat und zum Teil sogar für den Export. Regionale Initiativen werben mit Erfolg für den Kauf heimischer Produkte. Motto: Was in Masuren wächst, ist gesund und gut. Landwirte haben in Polen übrigens viele finanzielle Vorteile, so zahlen sie z. B. deutlich weniger Sozialabgaben.

Und weil viele Bauern ja sprichwörtlich ziemlich clever sind, haben sie auch den Touismus für sich entdeckt. Das heißt dann *agroturystyka*. „Urlaub auf dem Bauernhof" ist richtig beliebt geworden, auch und gerade in Masuren: familienfreundlich, frisches Gemüse gibt's aus dem Garten, ringsum Natur pur. Der nächste See zum Baden und Angeln liegt meist gleich nebenan. Die Vermieter haben sich auf die Bedürfnisse ihrer Gäste eingestellt und bieten Fahrräder, Kanus und Ruderboote an, mitunter auch Reitpferde. Nicht alle, aber einige Anbieter haben sich zusammengeschlossen unter *agroturystyka.pl*.

WAS VON OSTPREUSSEN BLIEB

Sieben Jahrhunderte bewegter Geschichte haben Spuren hinterlassen rings um die Masurischen Seen. Ostpreußische Spuren trifft man auf Schritt und Tritt: kleine ziegelgedeckte Holzhäuser, backsteinrote Dorfkirchen, Friedhöfe und natürlich die wuchtigen Burgen des Deutschen Ordens in Ryn (Rhein), Węgorzewo (Angerburg) und Giżycko (Lötzen), der hier im Mittelalter knallhart regierte. Bis heute wird in der Gegend ganz selbstverständlich der Begriff „poniemiecki" verwendet – „ehemals deutsch". Gemeint ist, dass ein Gebäude noch aus deutschen Zeiten stammt, aber von den Polen nach dem Zweiten Weltkrieg übernommen wurde.

Traurig stimmt dagegen leider oft der Anblick der zahlreichen „nachdeutschen" Paläste und Herrenhäuser des ostpreußischen Adels. Was von ihnen blieb, ist meist in einem schlimmen Zustand. Viele der Anwesen gingen bereits zum Kriegsende in Flammen auf, andere verfielen in den Jahrzehnten danach. Auch das Ende des Sozialismus brachte den Ruinen nicht gleich Rettung. Investoren schrecken vor dem Umfang der Sanierungsnot zurück, und selbst wenn die Privatisierung gelang, wie im Fall von Schloss Dönhoffstädt (Drogosze), ging der Verfall weiter, weil die Neubesitzer sich als Spekulanten erwiesen. Lichtblick immerhin: Eine Stiftung *(deutsch-polnische-stiftung.de)*, die sich seit bald

Kobaltblauer Himmel, sattgrüne Wiesen, getupft mit rotem Mohn: masurisches Idyll

15 Jahren recht erfolgreich um den Erhalt masurischer Schlösser und Herrenhäuser bemüht.

KALININGRAD

Schmuggeln ist auch nicht mehr das, was es mal war. Als Polen und Russland sich 2012 auf den kleinen Grenzverkehr zwischen der Exklave Kaliningrad (Königsberg) und den angrenzenden polnischen Kreisen einigten, sah es so aus, als kämen sich beide Länder tatsächlich näher. Bewohner beiderseits des Zauns konnten für ein paar Jahre ohne Visum die EU-Außengrenze überqueren und machten von der Reisefreiheit regen Gebrauch: Polen aus Olsztyn und Gołdap fuhren nach Russland zum Shoppen und Tanken, weil der Sprit dort nur die Hälfte kostet, und die Kaliningrader machten schon immer gern Ausflüge ins Ermland, nach Masuren und Danzig. Sogar ein paar neue Grenzübergänge sollten geöffnet werden, aber dann brach der Ukrainekrieg aus, und all die zarte Annäherungspolitik war wieder für die Katz. Dabei wird es für absehbare Zeit wohl bleiben: Entspannung zwischen Warschau und Moskau steht momentan nicht auf der internationalen Politikagenda. Die meisten Bewohner ärgert es, denn es hatten nicht nur diejenigen etwas davon, die selbst über die Grenze pendelten: In den meisten Dörfern gab es mindestens einen Bauern, der regelmäßig Zigaretten oder Benzin in größeren Mengen nach Polen schmuggelte und dann unter polnischem Ladenpreis verhökerte – ganz inoffiziell, obwohl natürlich jeder davon wusste …

MASURENS KANAL

Wie das oft so ist mit den ganz großen Plänen: Am Ende bleiben Ruinen. Eigentlich sollte eine künstliche Wasserstraße einst die Masurischen Seen mit der Küste verbinden – über das Flüsschen Alle und den Pregel, der westlich von Königsberg in die Ostsee mündet. Zweimal hat man die Schaufeln in die Hand genommen, um den 50 km langen Masurischen Kanal zu bauen: Erst machte der Erste Weltkrieg dem gerade begonnenen Bau einen Strich durch die Rechnung. Das Nazi-Regime versuchte es auch und scheiterte schließlich am selbst vom Zaun gebrochenen Zweiten Weltkrieg. Drei Jahre später ging die Provinz Ostpreußen unter und mit ihr die Idee eines Schifffahrtswegs zwischen Masuren und der Ostsee. Heute erinnern nur noch zuwuchernde Steinreste und verwitterte Stahlbetonschleusen an das Scheitern. Der Kanal Mazurski in der einsamen Natur westlich von Węgorzewo (Angerburg) wirkt geheimnisvoll, wie das aus der Zeit gefallene Relikt einer versunkenen Welt. Kaum zu glauben, dass die Wasserstraße am Ende zu 90 Prozent fertig war und auch sieben der zehn Schleusen bereits existierten. Gut 20 Kanalkilometer liegen heute auf polnischer Seite – von der Mündung in den Jezioro Mamry (Mauersee) bei Przystań bis an die Grenze zu Kaliningrad.

WANN IST EIN SEE EIN SEE?

Früher ohne Smartphone und Google war es ganz schön schwer, Seen zu zählen. Ein Königsberger Schulmeister machte sich 1880 die Mühe und kam auf 3000. Doch wahrscheinlich hätte er sich die Arbeit sparen können, denn es sind noch viel mehr. Es geht schon mal damit los, dass keiner weiß, wann ein Teich ein Teich und ein See ein See ist. Aber mal ehrlich – so wichtig ist die genaue Zahl dann auch wieder nicht. Einigen wir uns darauf, dass es richtig viele sind und Masuren dadurch richtig schön. Die Seenland-

Im Land der „Himmelsaugen" – Masurens Seen strahlen tiefblau

schaft ist ein Kind der Eiszeit. Gigantische Gletscher robbten sich aus Nordeuropa heran und schoben dabei gewaltige Geröll- und Schuttmassen vor sich her. So hinterließen sie, als sie vor 12 000 Jahren zum letzten Mal abtauten, dankenswerterweise auch noch die nette Hügellandschaft. Und natürlich die vielen aus dem Schmelzwasser entstandenen Seen – einige wie weite Schüsseln, andere als schmale, tiefe Rinnen wie etwa der der Jezioro Hańcza bei Suwałki, mit 108 m einer der tiefsten Seen Europas. Der Jezioro Śniardwy, der Spirdingsee, macht sich dagegen mit 114 km^2 am breitesten.

TIPIS & HARLEYS

Indianer in Masuren? Du wirst staunen, die gibt's tatsächlich. Im Urwald Puszcza Borecka stellen Anhänger der indianischen Kultur seit einigen Jahren das Leben der nordamerikanischen Ureinwohner nach – in einem bis ins Detail authentisch nachgebildeten Tipi-Dorf, das das gesamte Jahr über bewohnt wird und auch besichtigt werden kann. Es gibt sogar Führungen – großes Indianer-Ehrenwort! *muzeumindian.pl*

Und wir bleiben im Wilden Westen Amerikas: Nicht wundern, wenn du Ende Juli in in Mrągowo mittelalte Männer mit Bierbauch und Cowboyhüten plus Frauen mit Dauerwelle in Cowboystiefeln rumlaufen siehst, dazu eine Menge heißer Maschinen, die alle Parkplätze in Anspruch nehmen: Jedes Jahr am letzten Juliwochenende treffen sich dort Fans von Harleys, aufgemotzten Jeeps und

KLISCHEE KISTE

MIT PFERD UND HEUWAGEN

Irgendwie ja auch ein schönes Klischee, wenn du als Urlauber draufschaust: Der Bauer, der auf seinem Pferdefuhrwerk durch die idyllische, hügelige Landschaft zuckelt und sehr einfach, aber auch ohne Eile oder Stress seiner Arbeit nachgeht. Die meisten Polen wären dagegen beleidigt, wenn sie als so rückständig dargestellt würden. Und tatsächlich sieht es auf den Straßen Masurens zum Glück (oder leider) nicht mehr so altmodisch aus. Moderne Traktoren hinterlassen auf den Alleen ihre Spuren, und zur Erntezeit im Herbst versehen die Bauern auf gewaltigen Mähdreschern ihren Dienst bis spät in die Nacht.

WILDWEST IM OSTEN

Das Stereotyp vom polnischen Autofahrer geht so: Wenn die Ampel rot wird, kann gerade noch gefahren, wenn zwei durchgezogene Linien zwischen den Spuren verlaufen, kann noch überholt und wenn ein Ortsschild kommt, kann trotzdem weiter mit 80, 90 km/h gebraust werden. Zebrastreifen sind eher Empfehlung als Verpflichtung, das Reißverschlussverfahren exotisch und Lichthupen noch die freundlichste Form der Kommunikation. Das also das Klischee. Und die Realität? Ganz genau so. Na ja, fast …

Stars & Stripes aus ganz Polen, den baltischen Staaten, Deutschland und Russland zum *Piknik-Country-Festival*. Auf der Freilichtbühne am Czos-See verbreiten internationale Stars der Szene Nashville-Feeling, für drei Tage herrscht eine Art Ausnahmezustand im sonst so beschaulichen Masurenstädtchen. *Facebook: piknik country*

TRAKEHNER

Nur wenige Pferderassen sind so legendenumwoben wie die Trakehner Ostpreußens, ausdauernde Warmblüter mit eingekreuztem arabischem und englischem Vollblut. In Rastenburg (Kętrzyn) bestand bis zum Ende des Zweiten Weltkriegs eine der bedeutendsten Trakehner-Hengststationen. Diese Pferde eigneten sich nicht nur für die Kavallerie, sondern auch für die Landarbeit und den Reitsport. Ihr Brandzeichen war die siebenzackige Elchschaufel. Um 1950 begann man im ermländischen Liski-Judyty (Juditten) mit einigen Trakehnerstuten eine neue Pferdezucht aufzubauen, ihr Brandzeichen ist die Adlerschwinge. Nach wirtschaftlichen Schwierigkeiten nach dem Ende des Sozialismus zählt Liski heute wieder zu den bedeutenden Pferdezuchtbetrieben im Norden Polens mit etwa 300 Tieren.

TIEF DURCHATMEN

Glück gehabt: Dass Masuren auch heute noch wie zu Ostpreußens Zeiten das „Land der dunklen Wälder und kristallenen Seen" genannt werden kann, verdankt es der fehlenden Schwerindustrie. Es gibt mehrere Naturschutzparks, Reservate und Vogelschutzgebiete, wo sich Kraniche, See-,

Der Weißstorch ist Masurens Markenzeichen – ein Paar hat im Schnitt zwei bis drei Junge

Schell- und Steinadler pudelwohl fühlen. In Masuren wurden fast 300 Vogelarten nachgewiesen.
Die 250 km² große Borkener Heide (Puszcza Borecka) hat laut offiziellen Messungen die sauberste Luft des ganzen Landes. Seit Jahrzehnten will die Regierung immer wieder mal Masuren als Nationalpark unter Schutz stellen, doch vor allem die einflussreiche Forstwirtschaft wehrt sich dagegen, weil sie Einschränkungen durch zu viel Naturschutz fürchtet. Als Kompromiss gilt der 1977 gegründete Masurische Landschaftspark, der auf einem Areal von 540 km² Teile der Johannisburger Heide und des Spirdingsees umfasst und in zehn Reservaten u. a. die größte Höckerschwan-Kolonie Europas schützt. Gut 1500 von ihnen findet man jedes Jahr am flachen Jezioro Łuknajno (Lucknainer See).

SIDER-TIPP
Mein lieber Schwan

WO WOJTEK WOHNT

Masuren ist ein Storchenland. Kaum ein Dorf, in dem nicht mindestens ein Hausdach ein Nest trägt, doch auch auf Schornsteinen, Telegrafenmasten und Bäumen nisten die Störche gern, ihr Schnabelklappern gehört zur masurischen Landschaft wie der blauweiße Sommerhimmel. Alljährlich Ende März wird die Ankunft von „Wojtek", wie Adebar hier heißt, freudig erwartet. Nirgends in Europa nisten so viele Weißstörche wie im einstigen Ostpreußen. Man schätzt die Zahl auf 4500 bis 5000 Paare. Die zehn storchenreichsten Dörfer Masurens – sie liegen alle im nördlichen Teil – bringen es zusammen auf fast 290 Storchenpaare! Da lohnt sich die „Storchenroute", die vom Touristenbüro in Bartoszyce angeboten wird. Im Hochsommer kann man auf den Feldern Versammlungen von oft über 100 der großen Vögel beobachten. Dann aber ist der masurische Storchensommer auch schon bald wieder vorbei: Ende August brechen die Vögel auf in Richtung Afrika.

ROBERT LEWANDOWSKI

Am polnischen Superstürmer kommt selbst in Deutschland inzwischen keiner mehr vorbei. Jetzt stell dir mal vor, was für ein Star er in seiner Heimat ist – obwohl er natürlich seit vielen Jahren außer für die Nationalelf nicht mehr in Polen tätig ist. Zumindest nicht fußballerisch, denn sein erkleckliches Vermögen investiert er liebend gern im Land zwischen Oder, Weichsel und Bug. In Warschau kaufte er ein Luxusapartment im von Daniel Libeskind entworfenen Hochhaus „Złota 44", in das er auch tatsächlich mit seiner Familie einzog.
Der ganz große Brocken aber sollte ein 17-Mio.-Euro-Projekt im masurischen Giżycko sein – mit todschickem Restaurant auf dem Wasser und allen möglichen anderen Objekten, darunter einem kleinen Jachthafen mit Erholungs- und Bildungseinrichtungen. Aber dann kam die Pandemie und auch sonst lief nicht alles rund. Das Ende des Liedes: Der Kicker zog sich zurück. Doch verbunden sind die Lewandowskis mit der Region trotzdem: Sie besitzen in der Nähe von Biskupiec (Bischofsburg) ein Anwesen.

ESSEN SHOPPEN SPORT

„Ländliche Küche“ sagt das Schild über dem Tresen

ESSEN & TRINKEN

Masuren ist ein Teil Polens, und so schmeckt es hier auch: bäuerlich-herzhaft und ziemlich gehaltvoll. Und weil Polen schon immer ein Vielvölkerstaat war, in dem mancher Herren Köche ihre Rezepte hinterließen, prägen und bereichern ukrainische, litauische, russische, jüdische und deutsche Einflüsse die traditionelle Küche. Auch Masuren steuert seine ganz eigenen Zutaten bei: Fisch und Pilze. Smacznego – guten Appetit!

NACHMITTAGS WIRD ZUGESCHLAGEN

Bei den Essgewohnheiten sind uns die Polen eigentlich ganz ähnlich: Morgens gibt's Frühstück *(śniadanie)* mit Brot und Aufschnitt (eher herzhaft mit Wurst und Käse als süß mit Marmelade) und mittags die Hauptspeise *(obiad)*, allerdings erst gegen 14 Uhr oder sogar später. Restaurants haben natürlich trotzdem schon ab 12 Uhr Mittagstisch. Kaffee und Kuchen werden meist direkt nach dem Lunch serviert und nicht separat Stunden später. Zum Abendessen *(kolacja)* kommt dann eher wieder Brot auf den Tisch, eventuell die Reste vom Mittag.

KNEIPE, BAR, RESTAURANT – GEGESSEN WIRD ÜBERALL

In einer polnischen *bar* gibt es nicht nur Bier und Drinks; es ist ein einfaches Esslokal. Sowieso ist es in Polen kaum üblich, in einer Gaststätte nur Trinkbares zu servieren. Darum ist die *knajpa* zwar gemütlich und ungezwungen wie eine deutsche Kneipe, aber du kriegst dort immer auch etwas zu beißen. Beliebt sind rustikale Gasthöfe mit viel Holz unter dem Namen *karczma*. Das klassische Restaurant heißt *restauracja*. In vielen Bars werden die fertigen Gerichte aufgerufen, und man holt sie sich am Tresen ab.

Zwei gehaltvolle Spezialitäten: Makowiek (Mohnkuchen) und Barszcz (Rote-Bete-Suppe)

Die meisten Lokale bieten durchgehend warme Küche an.
Fast überall in Masuren gibt's Speisekarten auf Deutsch oder auf Englisch. Bei guter Bedienung kann man locker 10 Prozent Trinkgeld geben – einfach nur aufrunden wird als ziemlich knauserig angesehen. Übrigens: Nicht wundern, wenn dir der Teller schnellstmöglich unter der Nase weggezogen wird. Schneller Service gilt als Tugend. Kartenzahlung ist fast überall möglich, selbst in kleinen Spelunken.

VON DER HAND IN DEN MUND

Auch in Masuren sind Pizza und Kebap (in Polen *kebab* geschrieben) allgegenwärtig. Dazu kommen ziemlich fettige Würste *(kiełbasy)*. Ein typisch polnischer Imbiss sind die *zapiekanki*, lange, belegte Baguettehälften aus dem Ofen. Unangefochtener süßer Klassiker sind neben Eiscréme *(lody)* die *gofry:* Das sind Waffeln im belgischen Stil in allen möglichen Varianten (mit Puderzucker, Früchten, Sahne, Schokosoße usw.).

DIE KLASSIKER

Das eigentlich Typische der polnischen Küche sind ihre Suppen und Eintöpfe. Berühmt ist *barszcz,* die süßsaure Rote-Bete-Suppe, auf der ein kleines Sahnehäubchen oder *uszka* (pilzgefüllte Teigtäschchen) schwimmen. Ebenso beliebt ist *żurek,* die mild-säuerliche Suppe aus gegorenem Roggen- oder Weizenmehl mit Knoblauch und Speck – manchmal auch in einem ausgehöhlten Brot serviert. Der Erbseneintopf *grochówka* ist ein echter Sattmacher, während die *zupa pomidorowa,* Tomatensuppe, nur den Appetit weckt – genau wie der *rosół,* eine Brühe mit Nudeln, Fleischstückchen oder auch pur. Ziemlich schwere masurische Kost aus geriebenen Kartoffeln und Hackfleisch ist der *kartacz.* Kultstatus besitzt im ganzen Land der *bigos,* ein Eintopf aus Sauerkraut, Kohl, Fleisch- und Wurststückchen mit Lorbeer, Koriander und Rotwein. Übrigens: Richtig gut ist ein *bigos* erst nach dem fünften Aufkochen. Im Sommer wird gern *chłodnik,* eine Kaltschale, gelöffelt, entweder rosa (Rote-Bete-Suppe mit Kefir) oder weiß (Gurken-Kefir-Suppe mit Knoblauch und Dill).

FLEISCH, SALAT UND TEIGWAREN

Die Hauptspeisen basieren sehr oft auf Schweine- *(schab, wieprzowina)*- oder Rindfleisch *(wołowina),* Dauerbrenner sind das Schweinekotelett *kotlet schabowy* und das mit Käse gefüllte *kotlet de volaille,* also von Geflügel. Das große Plus in Polen: Fast überall gibt's einen *zestaw surówek,* einen Teller mit meist sehr knackigen Rohkostsalaten, die ihr euch selbst zusammenstellen könnt. Wer es leicht mag, ist oft mit *grillowana pierś z kurczaka* (gegrillter Hähnchenbrust) gut bedient, auch von Truthahn *(indyk)* oder Ente *(kaczka).*

Für Vegetarier gibt es meist eine ganz passable Auswahl, nicht zuletzt die Teigtaschen *pierogi,* mit den Füllungen Kartoffel-Quark (*ruskie* oder neuerdings auch *ukraińskie*), Pilzen und Sauerkraut *(z kapustą i grzybami),* Spinat *(ze szpinakiem)* oder Obst. Die einzige Fleischvariante sind *pierogi z mięsem.* Aber Achtung: Wer's genau nimmt, muss die Küche bitten, die Piroggen nicht mit Speck zu übergießen. Fast immer stehen auch süße oder herzhafte Pfannkuchen *(naleśniki)* sowie Reibekuchen *(placki ziemniaczane)* auf der Speisekarte.

INSIDER-TIPP
Vegetarier aufgepasst!

FISCH MIT BEILAGEN

Natürlich ist Masuren auch Fischland. In jedem Ferienort duften zahllose *smażalnie ryb* (Fischbrätereien) um die Wette. Nicht immer ist es Premiumware, aber ein gebratener *sandacz* (Zander) mit einem kühlen Bier kann köstlich sein. Vorsicht: Die Fischpreise werden in vielen Lokalen per 100 g angegeben. Das Gericht kostet dann am Ende meist dreimal so viel.

Bei den Beilagen geht es variantenreich zu: Neben Salzkartoffeln *(ziemniaki gotowane),* Pommes *(frytki)* und leicht angebackenen Kartoffeln *(ziemniaki opiekane)* ist Buchweizengrütze *(kasza gryczana)* sehr beliebt. Nudeln heißen *makaron,* und Reis ist *ryż.*

KUCHENSCHLACHT

Die beliebtesten Kuchen sind *szarlotka* (Apfelkuchen), *makowiec* (Mohnkuchen) und *sernik* (Käsekuchen). Der nach der Region benannte *mazurek* (Mürbeteigkuchen mit Glasur) wird meist nur zu Ostern gebacken.

WAS ZU TRINKEN

Zum Essen selbst trinken Polen meist Wasser oder *kompot,* in dem noch ein paar Früchte schwimmen. Bier *(piwo),* Wein *(wino)* und Wodka sind die alkoholischen Klassiker in ganz Polen, berühmtester Schnaps ist der żubrówka (Wodka mit Büffelgras). Tee *(herbata)* wird traditionell mit einer darin schwimmenden Zitronenscheibe geschlürft.

Unsere Empfehlung heute

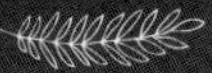

Suppen

BARSZCZ UKRAIŃSKI
Rote-Bete-Suppe mit Sahne

CHŁODNIK LITEWSKI
Rote-Bete-Kaltschale mit Ei und Dill

ROSÓŁ
Hühnerbrühe

ŻUREK MAZURSKI
Saure Suppe mit Ei, Weißwurst und Rauchfleisch

ZUPA RYBNA
Fischsuppe mit Zander oder Barsch, Tomaten und Dill

Hauptgerichte

PLACKI PO MAZURSKU
Kartoffelpuffer, gefüllt mit Rindergulasch und saurer Sahne

ZAPIEKANKA Z KALAFIOREM
Kartoffelauflauf mit Blumenkohl

GOŁĄBKI
Kohlrouladen, gefüllt mit Hackfleisch und Reis

SANDACZ ZAPIEKANY
Überbackener Zander mit Zwiebeln und Sahne, dazu Pfifferlinge

FILET Z OKONIA
Barschfilet mit Zitrone, Kartoffeln und Weißkohl

PIEROGI
Teigtaschen mit verschiedenen Füllungen

Desserts

NALEŚNIKI Z SEREM/DŻEMEM
Pfannkuchen mit Quark-/Marmeladenfüllung

BUDYŃ MAKOWY
Mohnpudding

SĘKACZ
Traditioneller Baumkuchen

SZARLOTKA NA CIEPŁO Z LODAMI
Apfelkuchen, warm serviert mit einer Kugel Eis

Getränke

KOMPOT
Kalter Saft aus gekochten Früchten

KRUPNIK
Honigwodka

PIWO Z SOKIEM
Bier mit einem Schuss Fruchtsirup

SHOPPEN & STÖBERN

Designershops und Edelboutiquen gibt es in Masuren so gut wie gar nicht. Hier ist man eher „old school". Spaß macht das Shoppen aber trotzdem!

HANDGEMACHT

Weit ist es nicht zur Bernsteinküste der Ostsee, darum sind Mitbringsel aus dem fossilen Harz (polnisch: *bursztyn)* durchaus passend. Vielleicht ein Halsband für den besten Freund des Menschen? Soll auf natürliche Weise Zecken abwehren! Sehr verbreitet sind im waldreichen Masuren Holzfiguren, von skurrilen Waldschraten bis hin zu Störchen oder einem fein geschnitzten Segelboot. Typisch sind auch aufwendig bestickte Blusen und Tücher.

KLEBRIGER GENUSS

Die Bienen sind weltweit in ihrer Existenz bedroht. Was für ein Glück, dass sie zumindest in Masuren noch viel Lebensraum besitzen. Ein paar große Gläser des von ihnen erzeugten goldgelben Genusses musst du einfach nach Hause mitbringen. Fündig wirst du auf Bauernmärkten und in Lebensmittelgeschäften. Am schönsten ist es aber, einfach anzuhalten, wenn am Straßenrand *miód* steht – oft auch ergänzt um die deutsche Übersetzung: Honig. Je nach Sorte geht's schon los unter 10 Euro pro 900 ml (1,3 kg).

ZURÜCK ZU DEN WURZELN

Wochenmärkte sind überall wieder en vogue – man muss sie einfach nur Street Markets oder Farmer's Markets nennen. Und in Masuren steckt noch viel mehr Wahrheit in dieser Erkenntnis. Denn einmal abgesehen von der Tourismusbranche gibt es in dieser schönen Region praktisch nichts anderes als Bauern, Imker, Kleingärtner, Bäcker und Fleischer, Beeren- und Pilzsammler. Weit ist es zudem nicht

Schmuckstücke: Bernsteinketten und handgeschnitzte Holzfiguren

nach Osteuropa, darum sind auch oft litauische, ukrainische oder sogar tatarische Stände dabei.

Schöne Bauernmärkte gibt es u. a. in Olsztyn, Mrągowo, Krutyń, Piecki, Wydminy und Giżycko. Ausschlafen und Marktbesuch passen allerdings nicht zusammen, denn am schönsten ist es frühmorgens, wenn noch alles in reicher Auswahl da ist.

DAS GOLD DER WÄLDER

Die festen kleinen Pilze mit dem ausnahmsweise einfach auszusprechenden polnischen Namen *kurki* gehören bei der Heimreise in größerer Menge in jeden Kofferraum. Pfifferlinge schmecken nämlich super und sind in Polen um ein Vielfaches günstiger als bei uns. In Masuren mit seinen riesigen Wäldern kommen sie massenhaft vor. Ob bei Händlern am Straßenrand, an Ständen oder in kleinen wie großen Supermärkten: einfach zuschlagen und zu Hause die Vorräte erst einmal einfrieren, das schadet den *kurki* nämlich gar nicht (trocknen geht auch). So lebt der Masuren-Urlaub Wochen und Monate später immer wieder kulinarisch auf.

TAUWETTER

Masuren – das sind unzählige Seen mit genauso unzähligen Segelbooten darauf. Welches Souvenir passt da besser als Produkte aus Segeltau? Der Fantasie sind keine Grenzen gesetzt: Segeltau als Geländer für Treppen, als Schmuck, als Schlüsselanhänger und für unzählige andere Verwendungen. Etwas Selbstgebasteltes aus Segeltau, wie etwa ein Armband, ist eine tolle Geschenkidee für jemanden, der schon alles hat. Das Material dafür gibt's in den Sport- und Segelgeschäften in vielen Städten Masurens.

INSIDER-TIPP
Armbänder – selbst gedreht

SPORT

Über 3000 Seen, die durch zahllose Flüsse und Kanäle miteinander verbunden sind, verlangen geradezu nach wildromantischen Segeltörns, Kajak- und Kanutrips, nach Wanderungen und Zelten an den Ufern, nach Querfeldeinritten, Kutschfahrten mit dem Zweispänner und ausgedehnten Radtouren.

ANGELN

Die Seen und Flüsse Masurens sind großartige Angelreviere. Fast 70 Fischarten bevölkern die Binnengewässer. Hechte, Aale, Zander, Karpfen, Lachse und Forellen sind die begehrtesten – und natürlich die mit den Lachsen verwandte Kleine Maräne, Masurens edelste Fischart.

Angeln ist in ganz Masuren von April bis Ende Dezember erlaubt. Für das Angeln in der Nacht und vom Boot aus ebenso wie für das Eisangeln gelten besondere Regeln. Ohne einen nationalen oder regionalen Angelschein *(karta wędkarska)* geht allerdings gar nichts. Angelscheine (20–60 Euro je nach Gewässer und Gültigkeitsdauer) bekommst du vor Ort beim Eigentümer des Gewässers, bei der zuständigen *Fischereigenossenschaft (PGRyb)*, beim *Polnischen Anglerverband (PZW)*, in Angelläden sowie auf manchen Campingplätzen.

Die genauen Adressen sowie die aktuellen Fischereibestimmungen, z. B. über Schonzeiten, gibt es in der Regionalzentrale des *PZW* in *Olsztyn (ul. Baltycka 2 | Tel. 89 5 27 34 60)*. Vor Ort helfen die Touristen-Informationszentren weiter; Infos gibt's auch unter *masuren.de/angeln.html*.

KAJAKFAHREN & RUDERN

Eine der schönsten Paddelstrecken Europas ist die 100 km lange Fahrt auf der Krutynia (Kruttinna) in Masuren. Die abwechslungsreiche Tour führt

Die Langsamkeit entdecken: Masuren ist eine der schönsten Radwanderregionen Europas

vom Start am Lampasz-See bei Sorkwity bis zum Zielhafen Ruciane-Nida über insgesamt 16 Seen und Naturreservate mit schwimmenden Inseln und seltenen Tieren wie Fischottern, Bibern, Eisvögeln und Elchen. Unterwegs gibt es reichlich Zelt- und Campingplätze. Der Trail ist auch für Anfänger bestens geeignet, denn die Strömung ist leicht und der Fluss meist flach. Außerdem paddelt man die ganze Zeit mit dem Strom. Kanus sind eher unüblich, Kajaks und Ruderboote kann man an vielen Seen und Flüssen ziemlich günstig mieten. Sowieso kostet nicht die Miete selbst am meisten, sondern der vom Vermieter organisierte Rücktransport, wenn man keine Rundtour macht. Auf die größeren Seen hinauswagen sollte man sich aber nur mit Paddelerfahrung, denn der Wind schlägt in Masuren schnell um – vor allem im Hochsommer, wenn das Wetter zu Gewittern neigt.

Weitere schöne, touristisch etwas weniger bekannte und entsprechend ruhigere Kajakrouten in Masuren gibt es auf der munteren Sapina, z. B. ab Kruklanki am Jezioro Gołdapiwo, auf der Węgorapa ab Węgorzowo, auf der Łaźna Struga (bei Ełk) und unterhalb der Olsztyner Burg auf der wildromantischen Łyna (Alle). *kajaki.pl*

INSIDER-TIPP
Paddeln für Genießer

Informationen über Kajaktouren in Masuren erhältst du u. a. bei der *PTTK Olsztyn (ul. Staromiejska 1 | Tel. 89 5 23 53 20 | pttk.pl).*

RADFAHREN

Die Landschaften um die Masurischen Seen und das Fahrrad sind unzertrennliche Freunde. Viele spezialisierte Veranstalter haben Touren im Programm, die auch für untrainierte Radler geeignet sind. Aber eigentlich lassen sich kleinere und größere Aus-

flüge auch wunderbar auf eigene Faust organisieren.
Auch Polen hat inzwischen den Reiz des Radelns entdeckt und eine Route namens „Green Velo" *(greenvelo.pl)* aus der Taufe gehoben, die von Elbląg durchs nördliche Ermland und Masuren bis nach Suwałki nahe der litauischen Grenze führt und dann durch Ostpolen abwärts. Auf dem ca. 300 km langen Masurischen Radrundweg *(mazurskapetlarowerowa.com)* umrundest du die größten Seen.
Praktisch in allen Hotels und Pensionen gibt es ganz ordentliche Leihfahrräder. Das Mitnehmen von Rädern ist in den meisten Zügen der Eisenbahn problemlos möglich – nur bei hohem Passagieraufkommen kann es schon mal eng werden, dann ist Durchsetzungskraft gefragt.
Einige Veranstalter organisieren geführte Radtouren durch Masuren, z. B. die Unternehmen *MasurenRad (masurenrad.de), Rückenwind (rueckenwind.de)* und *Launer-Reisen (launer-reisen.de)*. Kombinierte Rad- und Schiffreisen, bei denen du auch mal einen Tag an Deck verbringen kannst, bieten *Velociped (velociped.de)* und *DNV-Touristik (dnv-tours.de)*.

REITEN

Am bekanntesten ist das Trakehnergestüt *Liski (Stadnina koni Liski | skliski.pl)*, 5 km nordöstlich von Bartoszyce. Eine gute Adresse ist auch der bei Szczytno (Ortelsburg) gelegene *Reiterhof Pension Sasek (Sasek Maly 14 | Szymany | sasek.pl)* von Ewa und Tadeusz Piórkowscy. Sowohl Anfänger als auch fortgeschrittene Reitsportler kommen in *Galiny (palac-galiny.pl)* auf ihre Kosten. Der restaurierte alte Herrensitz betreibt ein Gestüt mit fast 100 Rassepferden.

Bootsanleger am Spirdingsee – aufbrechen in schier unendliche Weiten

SEGELN & WIND-/KITESURFEN

Ein Segelrevier par excellence sind die durch über 100 schiffbare Kanäle miteinander verbundenen Masurischen Seen mit fast 600 km² Wasserfläche. Zum Segeln und Surfen sind besonders die großen Seen wie der launische Spirdingsee und der Mauersee perfekt. Einen Verleih für Segelboote und Surfbretter (auch fürs Kitesurfen) gibt es in allen größeren Segelrevieren, besonders natürlich in den größeren Ferienorten Gizycko, Mikołajki und Ruciane-Nida.

Im polnischen Binnenland werden keine Segelscheine verlangt, allerdings wird beim Ausleihen eines Motorboots der Besitz des Sportbootführerscheins gefordert. Einige Charterer sind auf deutsche Skipper eingestellt, z. B. *Giżycko Mazur Wind (ul. Klonowa 19 | Wilkasy | mazurwind.pl)*. Größter Anbieter im Norden Masurens ist *Tiga-Yacht (sztynort.pl)* in Sztynort am Dargainen-See (Jezioro Dargin) mit schöner Marina, moderner Charterflotte und Skippertörns. Viele nützliche Informationen, auch zu Masuren, gibt's unter *skipperguide.de*.

STAND-UP-PADDLING (SUP)

Steht auf, wenn ihr Paddler seid! Das international mit SUP abgekürzte Vergnügen ist zwar ein Balanceakt, macht aber richtig viel Spaß. Deswegen gehört es natürlich auch in Masuren zum Wassersportangebot. An allen großen Seen kann man das nötige Equipment ausleihen. Bei *Wioska Surfów (wioska surfow.pl)* am Stadtrand von Giżycko kostet ein Board z. B. 150 Zł pro Tag.

WANDERN

Das „Land ohne Eile" ist zum Wandern wie geschaffen. Vor allem rings um die touristisch erschlossenen Großen Masurischen Seen sind eine Menge schöner Wege gut ausgeschildert. Herrliche Bedingungen bietet die Johannisburger Heide, aber auch diverse Routen rings um Krutyń, Ruciane-Nida und Giżycko. Sehr reizvoll ist die markierte Strecke von Gołdap durch die Borkener Heide bis nach Wronki. Nimm gute Karten mit oder lade dir vorher eine Offlinekarte fürs Smartphone herunter.

Outdoorprofis finden in der Rominter Heide ein Paradies. Die Wildnis an der russischen Grenze zählt zu den letzten Urwäldern Europas. Doch auch hier solltest du neben Ausdauer und Kondition schon ein gutes Orientierungsvermögen mitbringen oder gute technische Hilfe (Kompass etc.).

DIE REGIONEN IM ÜBERBLICK
Pregolja
Seen, so weit das Auge reicht
Mazurskij Kanal
ROSSIJA
POLSKA
Bartoszyce (Bartenstein)
Łyna
Kętrzyn (Rastenburg)
DER NORDEN
DER WESTEN S. 38
Olsztyn (Allenstein)
Szczytno (Ortelsburg)
Rozoga
Ritterburgen, Gutshöfe und die schönste Stadt Masurens

Pissa
LIETUVA
POLSKA
Durchs buckelige Masuren nach Osten
J. Dargin (Dargainensee)
DER OSTEN S. 94
Suwałki
Giżycko (Lötzen)
Rospuda
J. Niegocin (Löwentinsee)
Ełk (Lyck)
J. Śniardwy (Spirdingsee)
DER SÜDEN S. 52
Pisa
Paddelnd und segelnd das Herz Masurens finden
Narew
20 km
12.43 mi

DER WESTEN

NICHT MASUREN, ABER TROTZDEM …

An dieser Stelle muss man ganz kurz mal pingelig werden: Der Westteil Masurens ist eigentlich gar nicht Masuren, sondern das Ermland (polnisch: Warmia). Zusammengenommen heißt das dann Ermland und Masuren (Warmia i Mazury).

Dass selbst Menschen, die im Ermland wohnen, sich der Einfachheit halber als Masuren bezeichnen, zeigt nur, welche Anziehungskraft der Name „Masuren" hat. Und wenn du, unterwegs aus Deutschland, Danzig und die Marienburg besichtigt hast, kannst du in dieser

Die Bischofsburg in Lidzbark Warmiński beherbergt heute u. a. ein Hotel

sympathisch-dörflichen Region gleich weitermachen. Hier gibt's alte Burgen des Deutschritterordens, teils verfallene, teils restaurierte Schlösser und Güter preußischer Adelsfamilien, ja sogar alte Backstein- und Fachwerkhäuser aus preußischen Zeiten. Den Spuren dieser spannenden Geschichte kannst du hier wohl am besten nachspüren. Ach so, und ganz nebenbei mit Allenstein (Olsztyn) noch die schönste Stadt ganz Masurens entdecken!

DER WESTEN
MARCO POLO HIGHLIGHTS
★ ALTSTADT (STARE MIASTO) OLSZTYN
Der historische Kern von Olszytn mit der Burg an seinem Rand ist hervorragend restauriert ➤ S. 42
★ BURG DER ERMLÄNDISCHEN BISCHÖFE
Mit Kunstgalerie, Café und schöner Aussicht ➤ S. 48
★ WALLFAHRTSKIRCHE MARIÄ VERKÜNDIGUNG
In Heiligelinde steht die vielleicht schönste Kirche Nordpolens, eine Perle des Barocks ➤ S. 49
4 Storchendorf Żywkowo (Schewecken)
Toprzyny
Gałajny
Wojmiany
Paustry
Górowo Iławeckie
Tapilkajmy
Wągródka
Piasty Wielkie
Wojciechy
Dwórzno
Pieszkowo
Wojtkowo
WOJEWÓDZTWO WARMIŃSKO-MAZURSKIE
Koniewo
Łyna
Runowo
Wielochowo
51
Ignalin
Lauda
Markajmy
Lidzbark Warmiński (Heimsberg) 3
Nowosady
Łaniewo
Medyny
72 km, 1 Std. 15 Min.
Kraszewo
Miłogórze
Kłębowo
Wapnik
Zagony
Biała Wola
Kierz
Smolajny
Kochanówka
Blanki
Kosyń
Gajlity
Wilczkowo
Ełdyty Wielkie
J. Blanki
Łęgno
1 Dobre Miasto (Guttstadt)
Orzechowo
Studnica
Bieniasze
Międzylesie
Kwiecewo
Barcikowo
72 km, 1 Std. 15 Min.
Świątki
Kalisty
51
Gradki
Brzydowo
Różynka
Tuławki
Szynowo
Zajączkowo
Gołogóra
Spręcowo
Gady
Łyna
Łomy
Barkweda
Barczewko
Maruny
Pupki
Dywity
Słupy
Gamerki Wielkie
J. Wadąg
Jonkowo
Kieźliny
Łęgaj
16
Gutkowo
5 km
3.11 mi
Wrzesina
Warkały
Altstadt (Stare Miasto) ★
J. Ukiel
Olsztyn (Allenstein) S. 42
S16
Klebark Mały

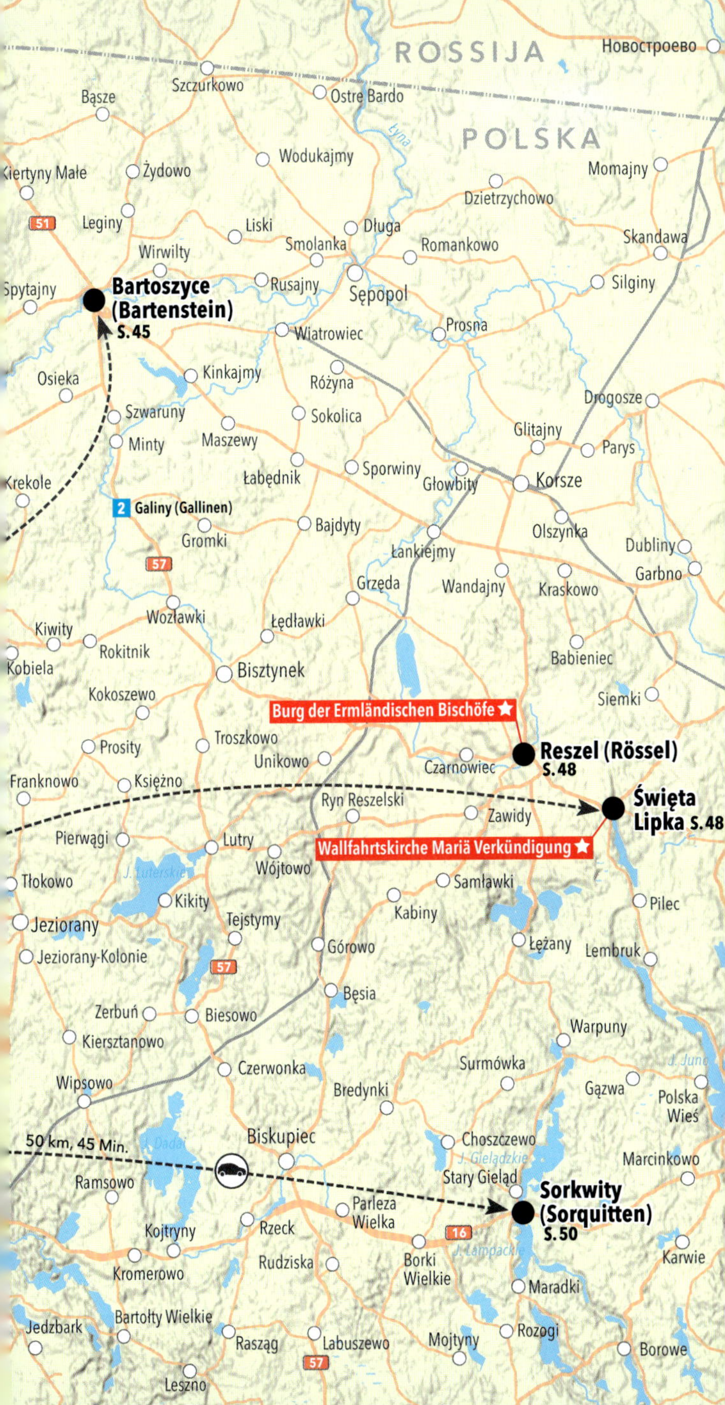

ROSSIJA
POLSKA
Новостроево
Szczurkowo
Ostre Bardo
Bąsze
Łyna
Wodukajmy
Kiertyny Małe
Żydowo
Momajny
Dzietrzychowo
51
Leginy
Liski
Długa
Smolanka
Romankowo
Skandawa
Wirwilty
Silginy
Spytajny
Bartoszyce
(Bartenstein)
S. 45
Rusajny
Sępopol
Prosna
Wiatrowiec
Osieka
Kinkajmy
Różyna
Drogosze
Szwaruny
Sokolica
Minty
Maszewy
Glitajny
Parys
Łabędnik
Sporwiny
Głowbity
Korsze
Krekole
2 Galiny (Gallinen)
Gromki
Bajdyty
Olszynka
Łankiejmy
Dubliny
57
Garbno
Grzęda
Wandajny
Kraskowo
Wozławki
Łędławki
Kiwity
Rokitnik
Babieniec
Kobiela
Bisztynek
Kokoszewo
Siemki
Burg der Ermländischen Bischöfe
Troszkowo
Prosity
Unikowo
Czarnowiec
Reszel (Rössel)
S. 48
Franknowo
Księżno
Ryn Reszelski
Święta
Lipka S. 48
Zawidy
Pierwągi
Lutry
Wallfahrtskirche Mariä Verkündigung
Wójtowo
Tłokowo
J. Luterskie
Samławki
Kikity
Kabiny
Pilec
Jeziorany
Tejstymy
Górowo
Łężany
Lembruk
Jeziorany-Kolonie
57
Zerbuń
Biesowo
Bęsia
Kiersztanowo
Warpuny
Czerwonka
Surmówka
J. Juno
Wipsowo
Bredynki
Gązwa
Polska
Wieś
50 km, 45 Min.
J. Dadaj
Biskupiec
Choszczewo
J. Gielądzkie
Marcinkowo
Ramsowo
Stary Gieląd
Sorkwity
(Sorquitten)
S. 50
Parleza
Wielka
Kojtryny
Rzeck
16
J. Lampackie
Rudziska
Borki
Wielkie
Karwie
Kromerowo
Maradki
Bartołty Wielkie
Jedzbark
Rasząg
Labuszewo
Mojtyny
Rozogi
Borowe
57
Leszno

OLSZTYN (ALLENSTEIN)

(🕮 A5) **Als Hauptstadt der Wojewodschaft Ermland-Masuren (Warmińsko-Mazurskie) ist Olsztyn das politische, wirtschaftliche und dank Universität auch wissenschaftliche Zentrum in Polens Nordosten.**

Und Olsztyns Altstadt macht einfach Spaß, besonders an einem Sommertag, wenn die Straßencafés der historischen Fußgängerzone das pure Leben ausstrahlen. Zu Masuren gehört die 175 000-Ew.-Stadt historisch eigentlich nicht, aber sie liegt nah genug, um mit Baukunst, Kultur und deutsch-polnischer Geschichte auch Masuren-Urlauber anzulocken.

Das frühere Allenstein, 1348 erstmals urkundlich erwähnt, hat unter dem Zweiten Weltkrieg schwer gelitten. Im Sozialismus entstanden triste Plattenbausiedlungen, deren einziges Highlight das *Planetarium (Mo–Fr 8.30–17.30, Sa/So 10.30–17.30 Uhr | 20 Zł., Kinder 15 Zł. | al. Piłsudkiego 38 | planetarium.olsztyn.pl)* ist. Mittendrin liegt die kleine restaurierte Altstadt mit ihrer Burg, auf der einst ein junger Mann als Verwalter Dienst tat, von dem die Welt noch hören sollte: Nikolaus Kopernikus.

SIGHTSEEING

ALTSTADT (STARE MIASTO)★

Vom Tor und dem angrenzenden ehemaligen *Fischmarkt (Targ Rybny)* führt die Geschäftsstraße *ul. Staromiejska* entlang schöner Giebel- und Laubenhäuser zum Markt, von Läden, Cafés und Restaurants gesäumt – die muntere Flaniermeile der Altstadt. An einigen Häusern bilden Medaillons Persönlichkeiten der ermländisch-polnischen Geschichte ab, natürlich darf Kopernikus nicht fehlen. Den Markt selbst dominiert das *Alte Rathaus,* eine Rekonstruktion des mittelalterlichen Originals mit mehreren sehenswerten Sonnenuhren.

Olsztyns hübsche Altstadt ist auch sonst zu großen Teilen ein Nachbau. Der mittelalterliche Stadtkern Allensteins ging 1945 in Flammen auf, angezündet von siegestrunken marodierenden Rotarmisten. Restauratoren bauten die Häuser in den 1950er-Jahren wieder auf, allerdings nur teilweise nach historischem Vorbild. Original erhalten blieb das *Hohe Tor (Wysoka Brama),* ein wuchtiger Bau mit Stufengiebeln im Stil der Backsteingotik aus dem 14. Jh. Er diente als Gefängnis.

Östlich des Markts ragt der 67 m hohe Turm der gotischen *Kathedrale St. Jakob* auf. Wirf auf jeden Fall auch einen Blick ins Innere: Filigrane Stern- und Netzgewölbe überspannen die drei Schiffe der Hallenkirche (um 1380). Vom Markt führt in Verlängerung der Fußgängerzone die *ul. Prosta* zum Flussufer, wo an der Łyna eine schöne Uferpromenade verläuft.

BURG (ZAMEK)

Vor allem solltest du erst mal der Burg aufs Dach steigen oder zumindest den 40 m hohen Burgturm hinaufklettern. Von oben ist alles bestens zu erkennen: Noch immer thront der Back-

Schnappschuss mit Kopernikus – der Astronom lebte sieben Jahre in Allensteins Burg

steinbau am Rand der Altstadt, wie er zwischen dem 14. und frühen 16. Jh. als machtvoller Sitz des ermländischen Domkapitels entstand: zwei schlosshafte Flügel, von einer 12 m hohen Wehrmauer umgeben, darüber ragt der wuchtige Rundturm auf. Heute residiert in den fast unbeschadeten Mauern das *Museum von Ermland und Masuren (Muzeum Warmii i Mazury | Juni–Sept. Di–So 10–17, Okt.–Mai 9–16 Uhr | 26 Zł., Innenhof frei | muzeum.olsztyn.pl | 1½ Std.)*, eines der besten Museen im Norden Polens: Kunst aus ostpreußischen Schlössern und Kirchen, eine Ausstellung zur versunkenen Kultur der Pruzzen, den geheimnisvollen heidnischen Ureinwohnern des Landes zwischen Weichsel und Memel. Und natürlich Kopernikus: Allensteins berühmtester Bewohner lebte 1516–22 als Verwalter auf der Schlossburg. Seine prächtigen Wohnräume sind heute Teil des Museums. In einer Skizze, eingeritzt in eine Wand im Kreuzgang, hat sich Kopernikus verewigt – nicht etwa mit „Kopernikus war hier", sondern ganz seriös mit einem Diagramm zur Messung der Tag-und-Nacht-Gleiche.

ESSEN & TRINKEN

CASABLANCA

Hier schlägst du ziemlich viele Fliegen mit einer Klappe: Bistro, Restaurant, Café – alles vorhanden. Serviert wird leichte mediterrane Küche. Zum Kaffee besonders lecker: die hausgemachten Torten. Und das alles in Parklage unterhalb der Burg, mit Terrasse. *Mo–Fr 13–22, Sa 12–22, So 12–20 Uhr | ul. Zamkowa 5 | Tel. 89 5 22 84 64 | casablanca.olsztyn.pl | €€*

PRZYSTAŃ

Im ehemaligen Bootshaus am Ukiel-See sitzt man auf Holzstegen und genießt den Blick auf Boote und Wasser. Kreative Fusionsküche, viel Fisch. *Tgl. 12–22 Uhr | ul. Żeglarska 3 | Tel. 695 99 22 22 | przystanolsztyn.pl | €€€*

SHOPPEN

GALERIA WARMIŃSKA ☂

Der futuristisch gestylte Einkaufstempel bietet mit 116 Läden auf über 100 000 m², mit Restaurants, Kino und Amphitheater genug Abwechslung für einen langen Shoppingtag. *ul. Tuwima 26 | galeria-warminska.pl*

WOCHENMARKT (TARG)

Jeden Dienstag und Freitag (8–15 Uhr) verkaufen Bauern aus der Provinz auf dem Markt westlich der Altstadt ihre Produkte: Obst und Gemüse, Geflügel, ofenfrisches Brot, Milchprodukte, Honig, je nach Saison eimerweise selbst gesammelte Beeren und Pilze und vieles mehr. Wenn du auf dem Heimweg durch Olsztyn kommst, dann nimm dir eine große Tasche voller Pfifferlinge *(kurki)* mit – die schmecken von hier besonders gut und sind viel günstiger als zu Hause. Sie lassen sich auch gut einfrieren. *ul. Grunwaldzka 45*

INSIDER-TIPP
Viele Pfifferlinge wert

AUSGEHEN & FEIERN

KINO STUDYJNE AWANGARDA 2

Sehr angenehmes Programmkino mit nettem, kleinem Café; einen Tee oder ein Glas Wein kannst du auch mit in die Vorführung nehmen. Die Filme laufen im Original mit englischen Untertiteln. *plac Jana Pawla II 2/3 | Tel. 89 523 75 38 | awangarda.olsztyn.pl*

VINYL PUB

Schallplatten sind wieder hip, und genauso geht es auch dieser Kneipe, in der eine ganze Reihe unterschiedlicher Biersorten aufgetischt wird – hauptsächlich Craft-Bier aus der Region. Dazu gibt's coole Musik – natürlich auf Vinyl. *So–Do 15–2, Fr/Sa 15–3 Uhr | ul. Piastowska 4A | Facebook: olsztyn vinylpub*

RUND UM OLSZTYN

1 DOBRE MIASTO (GUTTSTADT)

25 km/25 Min. per Auto ab Olsztyn

Schon von Weitem ragt ein Turm mit typisch gotischem Staffelgiebel über den Dächern von Dobre Miasto auf. Er gehört zur größten Backsteinkirche des Ermlands, erbaut im späten 14. Jh. Erhalten sind Teile der barocken Einrichtung, darunter ein gewaltiger Hochaltar. Gleich eingangs der 10 000-Ew.-Stadt fällt rechts noch ein Turm auf, trutziger Rest der mittelalterlichen Stadtbefestigung. Er ist ein beliebter Fotospot – wegen seines in ganz Polen bekannten Storchennestes auf der Spitze. In den „Storchenturm" sind das *Stadtmuseum* und eine Kunstgalerie hineingezwängt. *dobremiasto.com.pl* | *A4*

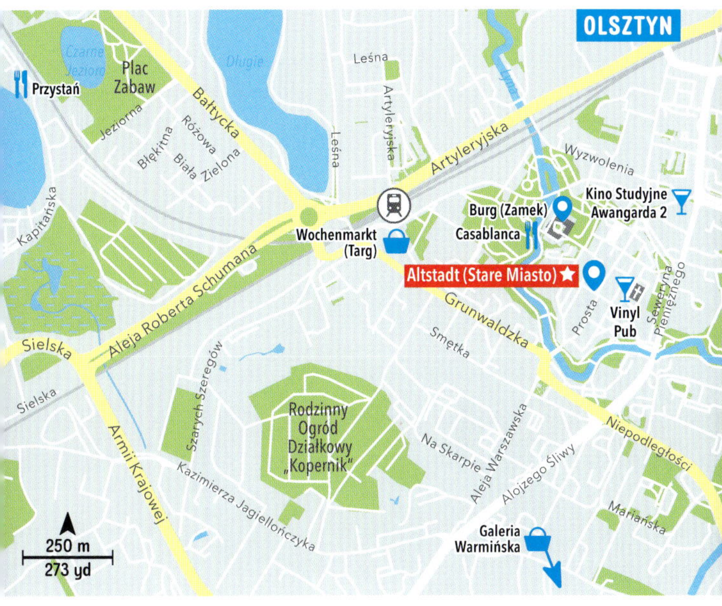

BARTOSZYCE (BARTEN-STEIN)

(⊞ C1–2) **Auch hier entlang geht's nach Masuren! Bartoszyce ist der westliche Eingang zur masurischen Seenplatte.**

Die kleine Stadt (23 500 Ew.) am Ufer der Łyna (Alle) ist nur 16 km von der Grenze zwischen Polen und der russischen Exklave Kaliningrad (Königsberg) entfernt. Hier in der Grenzregion geht es eher ruhig zu, auch vom touristischen Trubel der masurischen Urlauber-Hotspots ist hier nichts zu spüren – was ja nicht unbedingt schlecht sein muss.

SIGHTSEEING

BRAMA LIDZBARSKA (HEILSBERGER TOR) & MARKTPLATZ

Der mittelalterliche Charakter der Altstadt ist um den Marktplatz herum ausgezeichnet erhalten, alle Straßen mit ihren Häuserblocks sind schachbrettartig angelegt. Durch das einzige erhaltene Tor der Stadtmauer, das mit seinem Zinnengiebel im Stil der norddeutschen Backsteingotik an der Kreuzung der Umgehungsstraßen ul. Piłsudskiego und ul. Ogrodowa aufragt, kommst du auf den *Marktplatz* von Bartoszyce, den *plac Konstytucji 3 Maja.* Am *Heilsberger Tor* und der *ul. Wybrzeże* am Ende der Altstadt sind noch Fragmente der Wehrmauern vorhanden, die die Stadt im 14. Jh. umgaben.

Am Rand der Altstadt stehen an der Kreuzung der Straßen ul. Marii Curie/ Bohaterow Warszawskich zwei seltsame Steinfiguren. Es sind über 1000 Jahre alte kultische *Skulpturen* der pruzzischen Ureinwohner, von deren Kultur nur ganz wenige Zeugnisse erhalten sind. „Gustabalda" und „Barten" nennen die Bartoszycer ihre ältesten Einwohner(innen).

Schon zu ostpreußischen Zeiten ein bekanntes Gestüt: das barocke Landgut Galiny

KOŚCIÓŁ ŚW. JANA EWANGELISTY (JOHANNESKIRCHE)

Sehenswert sind vor allem die Terrakotta-Figuren des Nordportals, das spätgotische Kruzifix im Mittelschiff und der dreiteilige Hauptaltar, der hier eigentlich nicht so ganz hingehört: Große Teile stammen aus der Stadt Tilsit, die heute zum russischen Kaliningrader Gebiet gehört. Die Pfarrkirche St. Johannes wurde im 14. Jh. errichtet und später mehrfach umgebaut, bis 1945 war sie evangelische Stadtkirche. *pl. Wolności*

ESSEN & TRINKEN

RESTAURACJA SPICHLERZ

Auf den Tisch kommt in einem von zwei ehemaligen Speichern traditionelle polnische Küche. Spezialität des Hauses: gefülltes Geflügel. Unterm Dach ist das Spichlerz auch ein kleines Hotel. *Tgl. | ul. Strzeleckiego 2 | Tel. 89 7 62 66 57 | spichlerzbartoszyce.pl | €€*

STODOŁA

Backstein und Balkendecke, altmodische Möbel und an der Ziegelsteinwand eine Sammlung verwitterter

Schlüssel: klassisch-rustikal geht's hier im Norden der Altstadt zu. Aufgetischt wird leckere polnisch-regionale Küche. Auch ein Hotel gibt es im Haus. *Tgl. 11–23 Uhr | ul. Bema 9 | Tel. 89 7 62 55 01 | noclegiprzystodole.pl | €€*

TATARAK

Es muss nicht immer altbacken sein. Hier geht es flott zu, modern und cool – eine super Atmosphäre! Ein paar regionale Speisen stehen auf der Karte, aber auch internationale Klassiker wie Burger, Pommes, Filetsteak oder Pad Thai. *Mo–Fr 9.30–18, Sa 9–21, So 11–17 Uhr | ul. Kętrzyńska 18 | Tel. 534 33 18 08 | tatarak.business.site | €*

RUND UM BARTOSZYCE

2 GALINY (GALLINEN)

11 km/10 Min. per Auto ab Bartoszyce

Ein Juwel unter den historischen Herrensitzen Ostpreußens. Akribisch baut ein Warschauer Ehepaar das heruntergekommene Barockschloss der Grafen zu Eulenburg aus dem 16. Jh. wieder auf. Das Ensemble aus Schloss, Park und restaurierten Pferdeställen lässt dich die harmonisch gewachsene Pracht alter ostpreußischer Landgüter nacherleben. Ein Restaurant verarbeitet regionale Produkte zu hervorragenden Gerichten der modernen Küche, und Gästezimmer mit allem Komfort gibt's auch noch. *Pensjonat Galiny | Tel. 89 7 61 21 67 | palac-galiny.pl | €€€ | C2*

3 LIDZBARK WARMIŃSKI (HEIMSBERG)

23 km/25 Min. per Auto ab Bartoszyce

Das Wahrzeichen der früheren Hauptstadt Ermlands (14 600 Ew.) ist kaum zu verfehlen: Die mächtige Bischofsburg, um 1350 gegründet, gilt als besterhaltenes Kastell des ostpreußischen Ordensstaats. Vier Ecktürme flankieren den alten Wohnpalast, ein System aus haushohen Backsteinmauern und Wassergräben umschließt einen quadratischen Innenhof. Das große Refektorium birgt unter gotischen Netzgewölben weltliche und sakrale Kunstschätze. Besonders faszinierend: die kostbaren Originalikonen aus dem orthodoxen Altgläubigen-Kloster Wojnowo (s. S. 66). *Muzeum Zamkowe | Juni–Sept. Di–So 10–17, Okt.–Mai 9–16 Uhr | 26 Zł. | lidzbark.muzeum.olsztyn.pl | 1 Std. | B2*

INSIDER-TIPP
Absolut ikonisch

4 STORCHENDORF ŻYWKOWO (SCHEWECKEN)

40 km/40 Min. per Auto ab Bartoszyce über Górowo Iławeckie und die 511

Ein Ort, in dem mehr Störche als Menschen wohnen – wo gibt's denn so was? In Żywkowo, einem weltabgeschiedenen Masurendörfchen nahe der russischen Grenze! Beinahe jedes Haus und jede Scheune, viele Bäume, und Strommasten tragen hier ein Storchennest, zuletzt gab es 36 Paare, und jeder Einheimische wie Besucher wird mit freudigem Schnabelklappern begrüßt. Die örtliche Vogelschutzwarte hat einen zehn Meter hohen Aussichtsturm gebaut, von dem Besucher dem *bocian* (Storch) nun „auf Augenhöhe" begegnen und direkt in den Horst schauen können. *B1*

REŞZEL (RÖSSEL)

(E3) **Das verträumte Städtchen (4100 Ew.) hat mit seinen engen, kleinen Straßen seinen ursprünglichen Charakter beibehalten.**
Die meisten mittelalterlichen Holzhäuser in Reszel fielen dem großen Brand von 1807 zum Opfer. Den hatte angeblich eine gewisse Barbara Zdunk gelegt, die von den aufgebrachten Bürgern der Zauberei bezichtigt und 1811 hingerichtet wurde – es war die letzte Verbrennung einer „Hexe" in Europa. In der winzigen Altstadt sind das *Rathaus* aus dem 14. Jh., die restaurierte *Gotische Brücke (Most Gotycki)*, die spätbarocke *Heiligkreuzkirche* der griechisch-orthodoxen Gemeinde und die gotische *Pfarrkirche St. Peter und Paul* sehenswert.

SIGHTSEEING

BURG DER ERMLÄNDISCHEN BISCHÖFE ★

Lange vorbei sind die Zeiten, in denen hier die Vögte des Bischofs residierten, auch als Gefängnis (eine Idee aus dem 17. Jh.) wird die Burg nicht mehr genutzt. Heute kommen die „Insassen" freiwillig, die Burg ist Hotel. Zwischen 1350 und 1401 ließ sich der ermländische Bischof in Rössel eine wehrhafte Burg mauern, der massive zweiflügelige Bau mit seinen Rundtürmen überstand alle Stürme der Zeit und blieb bis heute Wahrzeichen der Stadt, deren Dächer überragend, wie für die Ewigkeit gebaut.
In den Hotelzimmern wohnen gern Künstler, die hier auch schon Skulpturen und Bilder hinterlassen haben. In einer *Galerie (Di–So 10–16 Uhr | 6 Zł. | muzeum.olsztyn.pl)* sind Ausstellungen zeitgenössischer Künstler zu sehen. Auch Joseph Beuys und Günter Grass haben hier ausgestellt. Vom massiven Turm aus hast du einen schönen Blick auf das Städtchen: Sollte er geschlossen sein, ist der Schlüssel meist im Burgcafé zu haben.

ESSEN & TRINKEN

KASZTAN

In sehr netter Umgebung an der Hohen Brücke genießt du hier deine Mittagspause oder am Abend dein Feierabend-Bierchen, vielleicht mit einem der hausgemachten Burger. Die Preise sind mehr als fair, die Bedienung freundlich. Im Sommer bestellen: *chłodnik*, die kalte Rote-Beete-Suppe. *So–Do 11–21, Fr/Sa bis 24 Uhrr | ul. Płowce 1 | Tel. 89 7 55 01 51 | €*

ŚWIĘTA LIPKA

(E3) **Am kleinen Dorf Święta Lipka (Heiligelinde) an der Grenze zwischen Ermland und Masuren führt für Gläubige wie Touristen kein Weg vorbei.**

Fast unwirklich, so viel zierlicher Barock in dieser abgeschiedenen Gegend. Święta Lipka zählt heute mit Hunderttausenden Besuchern pro Jahr zu den großen Marienwallfahrtsorten in Polen, übertroffen nur von Tschenstochau in Schlesien. Wer katholische Volksfrömmigkeit erleben will, sollte an einem der Marien-Feiertage kommen, etwa am 15. August. Aber auch wenn du kein Pilger bist, hat Święta Lipka etwas Außerordentliches für dich im Programm: Orgelkonzerte. Wochentags erklingt das mächtige Instrument mit seinen 3964 Pfeifen und 40 Registern in der *Wallfahrtskirche Mariä Verkündigung* stündlich von 9.30 bis 17.30 Uhr. Auch an Sonn- und Feiertagen gibt es Orgeldemonstrationen. *swlipka.pl*

ER-TIPP
ier werden
le Register
gezogen

Rings um den heiligen Ort floriert munter das Geschäft – auf einem der größten Souvenir- und Kunsthandwerksmärkte Masurens.

Heute ein Hotel: die hervorragend erhaltene Burg der ermländischen Bischöfe in Reszel

SIGHTSEEING

WALLFAHRTSKIRCHE MARIÄ VERKÜNDIGUNG ★

Diese Kirche ist ein barockes Prunkstück in Nordpolen. Die Basilika mit ihrer filigranen spätbarocken Doppelturmfassade, von den Laubengängen eines Klosters umschlossen, hat beinahe etwas Mediterranes. Tatsächlich verewigte sich hier ein Baumeister aus dem Süden: der aus Tirol stammende Georg Ertly, nach dessen Plänen die Kirche zwischen 1687 und 1693 ent-

Bunt und beeindruckend: die Orgel der Wallfahrtskirche in Święta Lipka

stand. Im Inneren erzählen farbenprächtige Fresken von den Wundern, die sich an diesem alten Wallfahrtsort ereignet haben sollen.

Der gewaltige Hauptaltar (1714) birgt ein Madonnenbild im Silbermantel, doch das Heiligste der Basilika ragt am Nordschiff auf: eine schmiedeeiserne Nachbildung jener legendären Linde, an die ein zum Tode Verurteilter im Jahr 1300 zum Dank für seinen Freispruch eine Marienskulptur gehängt haben soll. Die Muttergottes war ihm zuvor im Rastenburger Knast erschienen und muss auch seinen Richter umgestimmt haben.

ESSEN & TRINKEN

BŁĘKITNY ANIÓŁ

Der „Blaue Engel" direkt gegenüber der Kirche ist das beliebteste Restaurant im Ort. Entsprechend brauchst du zu Stoßzeiten manchmal etwas Geduld. Aber es lohnt sich: Der Zander mit Pfifferlingsoße ist lecker, ebenso der Sauerkrautklassiker *bigos*. Zur Anlage gehören auch ein Eiscafé und Gästezimmer. *Tgl. 11–17.30 Uhr | Tel. 89 7 55 14 18 | blekitny-aniol.eu | €€*

SORKWITY (SORQUITTEN)

(🕮 E5) **Hübsch, hübsch: Das Postkartenmotiv des malerisch gelegenen Dörfchens ist das Tudorschloss am Lampackie-See.**

Der zinnengesäumte Backsteinbau mit seinem markanten achteckigen Turm sieht älter aus, als er ist: Erbaut wurde Schloss Sorquitten erst ab 1850 im damals modernen Stil der englischen (Tudor-)Gotik. Die einstige Residenz der Familie von Mirbach hat ein bewegtes Schicksal hinter sich Nach der Zerstörung im Ersten Weltkrieg gerade wieder aufgebaut, wurde das Schloss nach 1945 erneut geplündert und brannte beinahe nieder. Später diente es als Ferienheim der berühmten polnischen Traktorenfabrik Ursus. Ende der 1990er-Jahre wurde es in ein Hotel umgebaut, das aber schnell wieder dichtmachte.

In Sorkwity selbst solltest du dir noch die *Dorfkirche* anschauen. Sie birgt eine Perle des bäuerlichen Barocks: einen kostbaren Schnitzaltar aus dem frühen 17. Jh., ein Werk des berühmten Königsberger Holzschnitzers Isaak Riga. In den biblischen Szenen sind Figuren in masurischen Trachten und sogar Schloss Sorquitten verewigt.

ESSEN & TRINKEN

OBERŻA MAZURSKA

Im zum *Hotel im Park* (s. Kasten) gehörigen Restaurant serviert man dir in stilvollem Ambiente masurische und altpolnische Spezialitäten – auch Fisch und Wild. *Mai–Sept. tgl. 14–22 Uhr | Jedrychowo 15 | Tel. 691 53 98 32 | masuren-hotel.de | €€–€€€*

SPORT & SPASS

PADDELPARADIES KRUTYNIA

Sorkwity ist Ausgangspunkt für die wohl beliebteste Wasserwandertour in Masuren: Am *Jezioro Lampackie* beginnt die Paddelstrecke auf der Krutynia (Kruttinna). Südlich des Orts erstreckt sich ein Naturreservat, in dem du mit etwas Glück die seltenen und extrem scheuen Schwarzstörche beobachten kannst. Im Sommer wird's auf der Krutynia ziemlich voll, aber an Kajaks, die man mieten kann, mangelt es nicht: In Sorkwity, aber auch in anderen Dörfern wie Krutyń (s. S. 67), dem Hauptort, wo der schönste Krutynia-Abschnitt beginnt – ideal für alle, die nicht mehrere Tage, sondern nur ein paar Stunden paddeln wollen. Ein guter Anbieter ist *AS-Tour* (*Krutyń 4, e-kanu.de)* mit deutscher Website.

WANDERUNG

Eine etwa zweieinhalbstündige Wanderung führt vom Bahnhof von Sorkwity zum *Jezioro Piłakno* mit seiner Insel. Er zählt mit 56,5 m zu den tiefsten Seen der Region – folge einfach der blauen Wegmarkierung. Einen besonders schönen Blick auf den Lampackie-See hast du hinter dem Dorf Maradki vom Hügel *Wiatraczna Góra* aus.

INSIDER-TIPP
Panorama de luxe

SCHÖNER SCHLAFEN IM ERMLAND

SLEEPING IN THE PARK

Der meisterhaft restaurierte einstige Landsitz „Heinrichshöfen" zählt als *Hotel im Park* zum Feinsten, was Masuren an Urlaubsdomizilen zu bieten hat. Romantisch inmitten eines 5 ha großen Landschaftsparks am Lampackie-See gelegen, bietet die Hotelanlage dabei eine elegante Suite im Gutshaus, Doppelzimmer im Landhausstil, Ferienwohnungen und Dependancen am See, mit hoteleigener Badebucht und Grillplatz. *17 Zi. | Jedrychowo 15 | Sorkwity | Tel. 691 53 98 32 | masuren-hotel.de | €€–€€€*

DER SÜDEN

MASUREN AUS DEM BILDERBUCH

Am Spirdingsee und in der Johannisburger Heide scheint die Zeit stillzustehen. Mrągowo und Mikołajki, Szczytno, Ruciane-Nida und Pisz heißen die Städtchen dieses Landstrichs – und überall dazwischen taucht es auf – das Bilderbuch-Masuren, das dir vielleicht aus Siegfried Lenz' Erzählungen vor Augen ist oder von dem du schon so viele tolle Fotos gesehen hast.

Ein Land unter hohem Himmel mit kristallklaren Seen, plätschernden Bächen, schier endlosen Wäldern und in die Hügel und Wiesen

Gegenverkehr: Kajakfahrer und eine Höckerschwanfamilie auf der Krutynia

geduckten Dörfern. Und ob du nun auf der Krutynia, auf einer der schönsten Kanurouten Europas, paddelst oder durch die Heide radelst: Naturfreaks und Wassersportler werden hier viele kleine Paradiese finden. Okay: In den Urlauberzentren Mikołajki und Ruciane-Nida ist es mit Ruhe und Romantik im Sommer schnell vorbei. Da brutzeln die Würstchen um die Wette, an den Eiscafés steht man Schlange und aus den Lautsprechern dringen Sommerhits. Doch die Schönheit der Landschaft entschädigt allemal für diesen Trubel!

DER SÜDEN
Zalec
Muntowo
Młynowo
Mrągowo
J. Juksty
Parleza Wielka
Sorkwity
Nibork
Karwie
Kosewo (Kossewen)
Rudziska
Borki Wielkie
Maradki
Krzywe
Jakubowo
Kobułty
Grabowo
Rozogi
Borowe
Labuszewo
Mojtyny
Brejdyny
Popowa Wola
Dłużec
Rybno
Krzywy Róg
Piersławek (Kleinort)
Grodziska
Piecki
Gisiel
Dobry Lasek
Targowska Wola
Śledzie
J. Białe
Goleń
Kałęczyn
Krutynia (Kruttinna)
Rańsk
Dźwierzuty
58 km, 1 Std.
Machary
Jezioro Mokre (Mucker-See)
Targowo
Orzyny
Krutyń (Krutinnen)
S. 67
Olszewki
Babięta
J. Mokre
Stare Kiełbonki
Zgon
Powałczyn
Marksewo
WOJEWÓDZTWO
WARMIŃSKO-MAZURSKIE
Stare Kiejkuty
Spychowo
Romany
Piasutno
J. Wałpusz
Jerutki
Lemany
Kolonia
Szczytno (Ortelsburg)
S. 71
Świętajno
Olszyny
Płozy
Faryny
Rudka
Wawrochy
Siódmak
Niedźwiedzie
Kokoszki
Prusowy Borek
Nowiny
Wały
Gawrzyjałki
Występ
Kwiatuszki Wielki
Szymany
Małdaniec
Zabiele
Lipowiec
Zieleniec
Łuka
5 km
3.11 mi
MARCO POLO HIGHLIGHTS
★ WOJNOWO (ECKERTSDORF)
Das Altgläubigendorf entführt in eine vergangene Welt ➤ S. 66
★ KRUTYNIA (KRUTTINNA)
Der polnische Paddelfluss Nummer 1 ➤ S. 68

★ **MIKOŁAJKI (NIKOLAIKEN)**
In der masurischen Ferienhauptstadt ist immer was los ➤ S. 56

★ **JEZIORO ŚNIARDWY (SPIRDINGSEE)**
Für Wassersportler ist das „Meer Masurens" perfekt ➤ S. 58

★ **PUSZCZA PISKA (JOHANNISBURGER HEIDE)**
Diese „Heide" ist Masurens Urwald ➤ S. 63

★ **JEZIORO NIDZKIE (NIEDERSEE)**
Der reizvollste unter Masurens schönen Seen ➤ S. 64

MIKOŁAJKI (NIKOLAIKEN)

(🕮 G5) ★ **Mikołajki hat mit seiner Lage am Wasser, zwischen Tałty-See und dem Jezioro Mikołajskie, dem Nikolaiker See, schon etwas ganz Besonderes.**
Wer auf der Hauptstraße über die Brücke fährt, sieht bereits alles, was dieser Ort bietet: die Uferpromenade mit Lokalen, Hotels und Apartments, die kleine Marina und die hoch übers Wasser gespannte Fußgängerbrücke. Dazu gibt es noch ein Minizentrum mit Marktplatz – das war's schon. Dennoch schlägt in Mikołajki das touristische Herz Masurens. Und das nicht eben leise – vor allem im Juli und August. Dann sind die rund 3900 Ew. klar in der Minderheit. Das Städtchen ist auch eines der Wassersportzentren der Seenplatte – kein Wunder bei der Lage. Das riesige *Hotel Gołębiewski (golebiewski.pl)* – eine Stadt in der Stadt mit Geschäften, Schwimmbad und Hubschrauberlandeplatz – liegt gnädigerweise ein Stückchen außerhalb des Zentrums. Über den Nikolaiker See besteht eine Verbindung zum 114 km² großen *Jezioro Śniardwy* (Spirdingsee). Im Sommer ist er ein tolles Segelrevier, dann säumt ein Mastenwald die Uferpromenade. Im Winter sind dann die Eissegler an der Reihe, deren Treff das oben erwähnte Hotel Gołębiewski ist – auch Gratis-Schnupperkurse werden angeboten.

Promenade und einer der Anleger in Mikołajki, Masurens touristischem Mittelpunkt

SIGHTSEEING

UFERPROMENADE

Das Leben spielt sich im Sommer vor allem auf der Uferpromenade zwischen Markt, Jachthafen und Fußgängerbrücke ab. Hier ist in den letzten Jahren viel investiert worden, um der touristischen Völkerwanderung Gelegenheit zu geben, ihr Masurenurlaubsgeld möglichst in Mikołajki zu lassen. Über dieser Flaniermeile mit ihren Restaurants, Bars, Souvenirläden und dem Seeblick auf viele, viele Boote liegt in der Ferienzeit ein beinahe südländisches Flair. Die Fußgängerbrücke, die sich in hohem Bogen über den Hafen spannt, ist gleichzeitig ein beliebter Aussichtspunkt auf das Treiben am und auf dem Wasser.

MARKT & UMGEBUNG

Auf dem zentralen Freiheitsplatz *(plac Wolności)* ist das Wahrzeichen der Stadt, der Król Sielaw, der „König Stint" also, in Form eines Fontänenbrunnens unübersehbar. Am Markt beginnt die *Kajki-Straße,* die parallel zum Nikolaiker See verläuft. Hier schlendert man vorbei an niedrigen Häuschen mit bunten Bauerngärten. Spannend: In der Nebenstraße *ul. Dybowska* versteckt sich der kleine, restaurierte *jüdische Friedhof.*

MUZEUM REFORMACJI POLSKIEJ

Sehr erfolgreich waren die Reformatoren zwar nicht, denn fast alle Polen sind katholisch. Aber gerade in Masuren war das einmal ganz anders. Das kleine *Museum zur Geschichte der Reformation in Polen* ist untergebracht im evangelischen Gemeindehaus neben der Kirche. Gegründet wurde es vom pensionierten Pastor von Mikołajki, einem der letzten echten Masuren des Orts. Alle Informationen sind auch auf Deutsch vorhanden. *April–Okt. tgl. 9–17 Uhr | 12 Zł. | pl. Koscielny 4 | ⏱ 30 Min.*

Auch die 1837 geweihte *Trinitatiskirche* selbst lohnt einen kurzen Besuch: Mit seinen Säulen und der Kassettendecke erinnert der Innenraum eher an einen Tempel als an ein evangelisches Gotteshaus.

ESSEN & TRINKEN

Die meisten Restaurants, Cafés und Kneipen drängen sich im Touristenort rings um den *plac Wolności* und längs der Uferpromenade an der Marina.

SPIŻARNIA

Nichts für Freunde von Low Fat und Low Carb, aber: originell eingerichtet wie eine Speisekammer aus Omas Zeiten. In der wird traditionelle polnische Küche serviert – stilecht in großen Portionen. *Tgl. 12–22 Uhr | pl. Handlowy 14 | Tel. 87 4 21 52 18 | spizarnia.mazury.pl | €–€€*

CUKIERNIA BIEŃKOWSKI

Eigentlich willst du an einem heißen Sommertag nichts anderes als ein richtig tolles Eis? Dann stell dich in der Konditorei Bieńkowski in die Schlange. Leckerer kriegst du es nicht in Mikołajki. Kaffee und Kuchen gibt's natürlich auch. *Mo–Sa 6–20, So 10–20 Uhr | Tel. 87 4 21 66 65 | ul. 3 Maja 4*

SPORT & SPASS

BOOTSAUSFLÜGE

Mikołajki ist eine der Hauptanlegestellen der *Biała Flota*, der Weißen Flotte. Die Ausflugsboote legen am Westufer des Nikolaiker Sees nahe der Fußgängerbrücke ab. Die Törns führen u.a. nach Ruciane-Nida, Giżycko und Węgorzewo. *zeglugamazurska.com.pl*

Neben dem Amax-Hotel liegt der Zweimaster „Chopin" am Steg, mit knapp 41 m Länge der größte Binnensegler Polens. Eine See-Fahrt auf dieser Brigg wirst du nicht so schnell vergessen. *Tel. 6 00 89 08 38 | statekchopin.pl*

INSIDER-TIPP
In den See stechen

BOOTSVERLEIH

Bei den folgenden beiden Jachthäfen kannst du Boote leihen:

- *Cicha Zatoka | al. Spacerowa 1 | Tel. 87 4 21 50 11 | cichazatoka.eu.*
- *Wioska Żeglarska | ul. Kowalska 3 | Tel. 87 4 21 60 40 | mikolajki.com.pl*

AUSGEHEN & FEIERN

PETER'S PUB

Die Themenkneipe im Stil des Chicago der 1930er-Jahre gehört vier polnischen Schauspielern. Abends wird zu „Mafia-Cocktails" Live-Klaviermusik geboten. *Tgl. | pl. Handlowy 13 | Tel. 87 4 21 99 19 | peterspub.pl | €€*

SPORT BAR

Klingt nicht sexy, macht aber abends richtig Spaß: lockere Stimmung, gute Musik, leckeres Bier mit Pommes und ein paar erstaunlich anständigen Burgern dazu. Du kannst Billard und Darts spielen oder bei einem Cocktail den Tag Revue passieren lassen. *Tgl. 18 Uhr bis spät | ul. Jana Pawła II 4 E | Tel. 504 20 35 87 | €*

RUND UM MIKOŁAJKI

1 JEZIORO ŚNIARDWY (SPIRDINGSEE) ★

44 km/40 Min. per Auto ab Mikołajki bis ins Dorf Karwik

Ganz schön groß! Mit 17 km an seiner längsten Stelle und einer maximalen Breite von 13 km kommt Polens größter See auf eine Fläche von 114 km² – das „masurische Meer" eben. Und trotzdem ist der Jezioro Śniardwy bei Weitem nicht der touristischste, weil er an vielen Stellen nicht per Auto zugänglich ist. Landschaftlich besonders schön ist der südliche Seeabschnitt zwischen *Karwik* und *Wierzba (Spirding)*, der bis an die urwaldartige Landschaft der Johannisburger Heide reicht. Von Legenden umrankt: die „Teufelsinsel" *Czarny Ostrów*. Die alten Pruzzen sollen hier ihrem höchsten Gott Perkunos einst Menschenopfer dargebracht haben. Und tatsächlich haben Archäologen dort Reste einer heidnischen Kultstätte ausgegraben. Die gut sichtbare Ruine allerdings war eine Festung, gebaut von den Preußen im 18. Jh.

Der Spirdingsee gilt als tricky. Auch wenn er ruhig und glatt erscheint, können sich bei aufkommendem

Wiesenstrand, Schilf und flaches Wasser: Baden im Spirdingsee ist ein Vergnügen

Wind in wenigen Minuten steile Wellen bilden. Wer mit Kajak oder Ruderboot hinausfährt, sollte Erfahrung haben und aufpassen. *G–H 5–6*

2 GALINDIA

10 km/15 Min. per Auto ab Mikołajki über die 609 (am Abzweig Iznota links abbiegen)

Ein uriges Erlebnis ist ein Abstecher nach Galindia, südlich von Mikołajki. Malerisch auf einer Halbinsel des Beldahnsees gelegen, steht im *Hotel Galindia (galindia.com.pl)* alles im Zeichen der wilden Vergangenheit der Galinder, jenes pruzzischen Stamms, der in Masuren einst beheimatet war. Überall im *Galindischen Garten* stößt du auf urige Holzskulpturen, grimmige Gesichter, die in Baumstämme geschnitzt sind und seit Jahrhunderten auf die wildromantische Landschaft zu schauen scheinen. Auch ein ritueller Steinkreis, das „galindische Labyrinth" und ein Freiluftmuseum gehören zu den Attraktionen.

Das Anwesen ist eine Schöpfung des Arztes Cezary Kubacki, der hier vor mehr als 30 Jahren begann, sich seinen Traum von einem naturverbundenen Leben zu erfüllen. Die Kultur der Galinder faszinierte ihn so, dass er sie zu seinem Thema machte – und dafür auch zum Holzbildhauer wurde. Kubacki, längst eine Kultfigur in Masuren, schlüpft für seine Gäste oft in eine Tracht der wilden Heiden. *G6*

3 ZEŁWĄGI (SELBONGEN)

6 km/8 Min. per Auto ab Mikołajki

Das idyllische Dorf schmiegt sich zwischen drei kleine Seen, die zu Spaziergängen am Ufer geradezu auffordern. Kunstinteressierte können an

Die „gute Stube" der Stadt: Am Marktplatz findest du noch ein Stück vom alten Pisz

der Hauptstraße in dem Häuschen mit der Nummer 32 die *Galerie* des Bildhauers und Holzschnitzers Zdzisław Grunwald besuchen, der hier einige seiner Werke ausstellt. *F5*

4 KOSEWO (KOSSEWEN)

15 km/15 Min. per Auto ab Mikołajki

Das große Dorf liegt in unmittelbarer Umgebung von drei Waldseen. Im Süden dient die Hirschfarm *Ferma Jeleniowatych* am Kuc-See wissenschaftlichen Zwecken, doch ein Besuch des 200 ha großen Geheges lohnt: Hier kannst du nicht nur alle in Polen vorkommenden Hirscharten vom Rotwild bis zum Elch beobachten, sondern auch Mufflons oder Exoten wie den Milu. Auf dem großen Gelände kommst du vielen Tieren ganz nah. Es werden ständig Führungen angeboten, auch mit gut informierten fremdsprachigen Guides. Die Zufahrt zu dem Gelände ist etwas rumpelig. *Führungen Juni–Aug. Di–So 10.30, 12.30, 14.30 und 16.30 Uhr | 30 Zł. | Kosewo Górne 7 | kosewopan.pl | F5*

ORZYSZ (ARYS)

(H5) **Durch Seen und Sümpfe gut geschützt, liegt Orzysz (5300 Ew.) seit dem späten Mittelalter an der alten Handelsstraße zwischen Rastenburg und Johannisburg.**

Der Großmeister des Deutschen Ordens, Konrad von Erlichshausen, gründete den Ort zwischen Sajno-See und Orzysz-See im Jahr 1443 unter dem Namen Neudorf. Nach Zerstörungen in beiden Weltkriegen wurde Orzysz nach 1945 neu aufgebaut. An historischen Sehenswürdigkeiten blieb der Stadt daher so gut wie nichts, aber sie ist ein guter Ausgangspunkt für Ausflüge in die schöne Umgebung.

SIGHTSEEING

RYNEK (MARKTPLATZ)

An der Hauptstraße, der *ul. Wojska Polskiego,* sowie an der sie am Markt kreuzenden *ul. Ełcka* mit der innen bunt bemalten *Herz-Jesu-Kirche* ist eine Reihe von Bauten aus der Zeit der Jahrhundertwende erhalten, die noch den ursprünglichen Kleinstadtcharakter des Orts repräsentieren.

ESSEN & TRINKEN

RESTAURACJA KORMORAN

Nach den touristischen Restaurants in Mikołajki und Co. ist es auch ganz witzig, mal in ein typisch polnisches Dorflokal wie dieses zu gehen: Billardtisch und Karaoke am Wochenende, aber sonst flott serviertes, sehr anständiges und günstiges Essen. *Tgl. 11–21 Uhr | ul. Leśna 1 | Tel. 78 3 21 02 32 | €*

RUND UM ORZYSZ

5 NOWE GUTY

9 km/30 Min. per Auto ab Orszys

Das Dorf liegt direkt am Spirdingsee und hat einen der schönsten Strände des masurischen Meers, an heißen Sommertagen von Badegästen bevölkert. Wer sich weiter hinaus wagen will, kann Surfboards und Kajaks leihen. Zum Übernachten stehen günstige kleine Ferienhäuser und der Nachbau einer alten Mühle *(wiatrakmazury.pl)* zur Verfügung. *noweguty.pl* | H5

PISZ (JOHANNISBURG)

(H6–7) **Das am Ostrand der Johannisburger Heide gelegene Städtchen (17 800 Ew.) wurde in seiner Geschichte leider oft zerstört, zuletzt am 24. Januar 1945, als die Rote Armee Johannisburg besetzte und es großflächig niederbrannte.**

Zum Auffüllen der Vorräte in Supermärkten und Co. oder für einen Imbiss ist Pisz aber genau richtig. Davon abgesehen gilt: Auch hier ist die Umgebung Trumpf – und wie! Unter Seglern und Kanuten gilt Pisz als Eingangstor nach Masuren, denn man kann von Warschau aus über die Weichsel, den Narew und das Flüsschen Pisa bis auf die masurischen Seen wasserwandern. Die Stadtgeschichte: wechselhaft. 1345 baute der Ritterorden hier eine Schutzburg gegen die Litauer, die trotz ihrer baldigen Zerstörung zur Keimzelle der Stadt wurde. Ihre Blütezeit erlebte diese aber erst nach Auflösung des Ordensstaats (1525) – vor allem durch schwunghaften Grenzhandel mit den polnischen Nachbarn.

SIGHTSEEING

JOHANNES-DER-TÄUFER-KIRCHE

Eine Fachwerkkirche ist doch immer schön: Als historisches Denkmal erhalten ist die wiederaufgebaute *Kościół św. Jana Chrzciciela* aus dem 19. Jh. schräg gegenüber vom Marktplatz. Johannes der Täufer ist der Schutzpatron der Stadt. *ul. Kościuszki*

RATHAUS & MARKTPLATZ

Auf dem ehemaligen Markt *(pl. Daszyńskiego)* stehen aus der Vorkriegszeit nur noch das Rathaus und einige Bürgerhäuser. Im Rathaus ist ein *Heimatmuseum* untergebracht *(Muzeum Ziemi Piskiej | Juli/Aug. Mo–Fr 9–17, Sa/So 10–14, sonst Mo–Fr 8–16 Uhr | 15 Zł. | muzeumziemipiskiej.pl | 1 Std.)*, Schwerpunkte der Ausstellung sind die vielfältige Flora und Fauna der Johannisburger Heide und die geschichtlichen Irrungen und Wirrungen rund um den Ort.

WASSERTURM

Im hübsch restaurierten Wasserturm von 1907 gibt's in 38 m Höhe eine Aussichtsplattform mit Blick über die Stadt und die Johannisburger Heide. Ein Aufzug fährt bequem nach oben, wo auch ein kleines Café auf Gäste wartet. *Mai–Sept. tgl. 9–15.45 Uhr | 12 Zł. | ul. Gdańska 11*

ESSEN & TRINKEN

BASZTA

Die einstige Masovia-Brauerei, erbaut vor 250 Jahren eigentlich mal als Bastei, ist heute ein beliebtes Lokal, in dem neben deftiger polnischer Alltagskost – *bigos*, gefüllte Kartoffelklöße, Bratfisch – auch Nudelgerichte, Salate und mehr serviert werden. *Tgl. 10–22 Uhr | ul. Ratuszowa 14 | Tel. 602 62 20 22 | basztapisz.pl | €–€€*

SPORT & SPASS

SCHIFFSTOUREN

Vom Anleger an der Pisa legt im Sommer der kleine Raddampfer „Smętek" zu einstündigen Flusskreuzfahrten ab. *Tgl. 11, 13, 15, 17, 19 Uhr | ul. Spacerowa | smetek.pisz.pl*

SPAZIERGANG AM PISA-UFER

Ganz entspannt kannst du dir die Beine vertreten am Ufer der Pisa, die durch die Ortsmitte fließt. Nördlich vom Stadtzentrum führt eine kleine Allee zum etwa 1 km von der Stadt entfernten Roś-See. Lauffaule können im Fahrradverleih *Centrum Rowerowe (Mo–Fr 9–17, Sa 9–14 Uhr | ul. Warszawska 17 | Tel. 502 67 62 15)* für ca. 35 Zł. pro Tag ein Rad mieten.

RUND UM PISZ

6 ZAJAZD WIEJSKI

9 km/8 Min. per Auto ab Pisz

Dieser Dorfgasthof an der Straße nach Orzysz hat sich in den letzten Jahren von einer kleinen Bar zu einem einwandfreien masurischen Restaurant mit leckeren Speisen, freundlicher Bedienung und einer großen Terrasse

DER-TIPP
Hier wird usgelöffelt

entwickelt. Auch Gästezimmer gibt es. Richtig gut schmecken hier die Suppen, vor allem der polnische Klassiker *żurek*. Wer vorbeikommt, sollte auf jeden Fall einen Stopp einlegen. *Szczechy Wielkie 15 | Tel. 87 777 57 23 | zajazdwiejski.pl | €€ | H6*

7 JABŁOŃ

5 km/7 Min. per Auto ab Pisz

Ein kleines Touristendorf, idyllisch in der Johannisburger Heide gelegen. Am Campingplatz kann man Bikes zur Erkundung der umliegenden, noch sehr urwüchsigen Waldlandschaft ausleihen. Schön auch, um für ein paar Tage in einem Hotel zu bleiben und durchzuatmen. *G–H7*

8 PUSZCZA PISKA (JOHANNISBURGER HEIDE) ★

Die Heide beginnt direkt außerhalb von Pisz

Hier wird's richtig wild: Der größte zusammenhängende Waldkomplex Masurens erstreckt sich von Pisz über rund 1000 km² bis nach Krutyń und Lipowo. Abseits der großen Seen und Landstraßen sind Wanderer auch in der Hochsaison meist allein in diesem Revier aus tiefen Wäldern, Wiesen, Flüsschen, Mooren und geheimnisvollen Sumpfseen. Es gibt viele gut unterhaltene Wege, die schon zu preußischer Zeit zur Holzabfuhr angelegt wurden. Autofahren ist auf ihnen nur für Forstfahrzeuge erlaubt. Die Forstverwaltung hat Waldlehrpfade angelegt und gekennzeichnet. Karten und Wegbeschreibungen bekommst

Kein Leuchtturm, sondern der alte Wasserturm von Pisz

du im *Forstamt Strzalowo (Pfeilswalde)* bei Lipowo und in der Touristen-Information in Pisz. *E–H7*

RUCIANE-NIDA (NIEDERSEE)

(G6) **Das muntere Städtchen (4100 Ew.) ist der ideale Ausgangspunkt für einen Urlaub an der Masurischen Seenplatte.**

Hier ist es im Hochsommer vielleicht nicht ganz so voll wie in Mikołajki, aber viel fehlt nicht, denn: Von Ruciane-Nida aus sind einige der schönsten und größten Seen erreichbar, darunter der Beldahnsee, den viele für den reizvollsten in Masuren halten; der ganz von Wald umgebene Niedersee (Jezioro Nidzkie) und natürlich der riesige Spirdingsee. Kein Wunder also, dass Ruciane-Nida eine der Stationen der Weißen Flotte für Kreuzfahrten auf der Masurischen Seenplatte ist. Auch für Wassersportler ist der Ort vorzüglich geeignet mit reichlich Möglichkeiten zum Schwimmen, Surfen, Segeln und Paddeln.

SIGHTSEEING

GUZIANKA-SCHLEUSE

Die *Śluza Guzianka* verbindet den Beldahn- und den Kleinen Guzianka-See und gleicht einen Höhenunterschied von 2,20 m aus. In der Urlaubssaison herrscht hier reichlich Verkehr. Die Schleuse ist von 7 bis 21 Uhr in Betrieb, Freizeitkapitäne bleiben also nicht im Schleusenstau stecken. Für Landratten: Die Schleuse liegt an der ul. Guzianka, wenn man von Ruciane aus Richtung Wejsuny fährt.

ESSEN & TRINKEN

RESTAURACJA POD KOGUTAMI

Ein echter Tipp unter den unzähligen Bars, Imbissen und Restaurants der Stadt. Günstig, große Portionen, selbst die Fast-Food-Gerichte sind lecker. Schöner Bonus: Hier gibt's auch klasse Eis und *gofry*, die in Polen so überaus beliebten Waffeln. *Tgl. 10–21 Uhr | ul. Dworcowa 10 | Tel. 530 13 39 79 | €–€€*

SALITOS RESTAURACJA PIZZERIA

Das ungezwungene Lokal mit gemütlicher Terrasse liegt etwas abseits des Touristentrubels. Frisch zubereitete Pizza und polnische Klassiker. Große Portionen, faire Preise. *Tgl. 12–21 Uhr | Gałczyńskiego 17 | Tel. 503 33 36 38 | Facebook: Salitosnida | €*

SPORT & SPASS

BOOTSAUSFLÜGE

Von Mai bis September werden neben den Kreuzfahrten der Weißen Flotte auch etwa einstündige Fahrten auf dem Niedersee angeboten sowie Ausflugsfahrten z. B. nach Mikołajki und Giżycko. *zeglugamazurska.com.pl*

AUSGEHEN & FEIERN

KAPIODORO

Leckere Holzofenpizza und *chłodnik*, kalte Rote-Bete-Suppe. Abends zum Bier gibt´s Fußball live auf der Großleinwand. *Tgl. 10–22 Uhr | ul. Dworcowa 6F | Tel. 87 4 23 65 80 | ruciane.pl*

RUND UM RUCIANE

9 JEZIORO NIDZKIE (NIEDERSEE) ★

Der See beginnt im Süden von Ruciane-Nida

Der Niedersee ist eigentlich eher ein Hochsee – immerhin schwimmen Schwäne und Boote hier gut 151 m über dem Meeresspiegel! Und einer der schönsten Seen Masurens, nicht zuletzt seines malerischen Insel-Archipels und der Stille wegen, die hier selbst im Sommer wohnt: Je weiter du nach Süden kommst, desto leerer wird es auf und an dem See, an dessen Ufer mit Ruciane-Nida nur ein größerer Ort liegt. Bootsfahrten von dort aus führen entlang der bewaldeten Inseln über den 18 km² großen, bis zu 24 m tiefen See, der je nach Lichteinfall mal blau, mal tiefgrün erscheint. F–G 6–7

SIDER-TIPP
Ab in den Süden

10 JEZIORO BEŁDANY (BELDAHNSEE)

17 km/25 Min. per Auto ab Ruciane bis zum See beim Dorf Iznota

Viele Masurenkenner schwören darauf, dass die Seenlandschaft nirgends schöner ist als am Beldahnsee und am Niedersee, die durch den Großen und den Kleinen Guzianka-See verbunden sind. Nicht zuletzt ist es die Urwaldlandschaft der Johannisburger Heide, die zum ganz besonderen Zauber dieser Seen beiträgt. Der mehr als 12 km lange und teilweise nur 200 m breite Beldahnsee ist der touristisch besser erschlossene. Durch ihn verläuft der Kajakwanderweg auf der Krutynia, an ihm liegt das Pruzzen-Dorf Galindia (s. S. 59). G5–6

11 WEJSUNY (WEISSUHNEN)

9 km/13 Min. per Auto ab Ruciane

Das Dörfchen erstreckt sich am Ufer des hornförmigen Wejsunek-Sees. Wie gemalt sind die hölzernen Bauernkaten an der Seestraße mit ihren blau gestrichenen Fensterläden. Im Ortszentrum wird das karge Dorfleben vergangener Zeiten lebendig ge-

Beldahnsee: Eine Autofähre verbindet das Dorf Wierzba mit der Straße nach Mikołajki

Grabkreuze auf dem Philipponenfriedhof vor der Klosterkirche von Wojnowo

macht in einer kleinen *Ausstellung* alter Bauernmöbel und landwirtschaftlicher Geräte. G6

12 POPIELNO (POPIELLNEN)

17 km/26 Min. per Auto ab Ruciane

Der kleine Ort auf der Landzunge zwischern Spirding- und Beldahnsee ist schon länger Sitz eines *Zoologischen Forschungszentrums (Mo–Fr 10–13, Sa/So 11–14 Uhr | 12 Zł. | Führungen auf Deutsch n. V., Tel. 87 4 23 15 19 | popielno.pl)* der Polnischen Akademie der Wissenschaften, zu dem die einzige Biberzucht Polens gehört. Auch Wisente und Tarpane (Wildpferde) werden hier gezüchtet. Die Mitarbeiter sind auf Touristen eingestellt – du kannst hier reiten, Kutsche fahren und sogar in einem Motorkutter über den See schippern. Der Ort ist auch von Mikołajki aus erreichbar – mit einer kleinen Fähre über den Beldahnsee und das Dorf Wierzba. G5

13 WYGRYNY (WIGRINNEN)

5,5 km/8 Min. per Auto ab Ruciane

Ein besonders schöner Blick auf den 45 ha großen Wigrinner See wird dir in diesem an der Straße nach Piecki gelegenen Dorf geboten. Der ganz von Wald umgebene See hat lediglich beim Dorf ein flaches, zugängliches Ufer. Wygryny entwickelt sich immer mehr zu einem touristischen Wassersportzentrum, und wer sich fragt, woher die vielen Motorboote auf dem Beldahnsee kommen, wird hier eine Antwort finden. F6

14 WOJNOWO (ECKERTSDORF) ★

8,5 km/11 Min. per Auto ab Ruciane

Das von russischen Altgläubigen, den Raskolniki oder auch Philipponen, um 1830 gegründete Wojnowo am Ufer der Krutyna birgt ein einzigartiges Zeugnis christlicher Glaubensgeschichte: das 1847 gegründete Altgläubigen-Kloster am Ufer des Duś-Sees, hervorgegangen aus der Einsiedelei des „Ur-Philipponen" Lawrentij Rastropin. Seine Blütezeit erlebte das Kloster Ende des 19. Jhs., doch auch in der sozialistischen Ära lebten noch um die 30 Nonnen in Wojnowo. Die letzte von ihnen, Afimia Kuschmierz, starb hoch verehrt 2006 und wurde auf dem kleinen *Philipponenfriedhof* hinter der Klosterkapelle beigesetzt, mit seinen verwitterten Kreuzen einer der eindrucksvollsten Orte der fast versunkenen Welt russischer Altgläubiger in Masuren. Im Kloster lebt heute Familie Ludwikowski, die dir gern die kleine Kirche aufschließt, die *Molenna*. In ihr lebt zwischen Ikonen und Teppichen noch viel vom tiefen Ernst des altrussischen Glaubens.

Auch in Wojnowo selbst steht ein russisches Gotteshaus, schon von Weitem ist der Zwiebelturm des weißen Holzkirchleins zu sehen. Doch dies ist eine *russisch-orthodoxe Kirche*, 1922 auf Petersburger Geheiß eigens hier gebaut, um die abtrünnigen Philipponen zu bekehren und in den Schoß der Orthodoxie zurückzuholen. Auch hier finden sich wunderbare alte Ikonen, die wertvollsten von ihnen sind allerdings heute im Ermländischen Museum in Lidzbark Warmiński (s. S. 47) ausgestellt. Und im Dorf gibt es, als Dritte im russischgläubigen Bunde, noch eine *Molenna* – ein neogotisches Backsteinhaus. Hier feiern die letzten Philipponen der Gegend ihre Gottesdienste. *F6*

KRUTYŃ (KRUTINNEN)

(F6) **Krutyń liegt inmitten von Feldern am Ufer der Krutynia, des wohl schönsten masurischen Flusses, in der Johannisburger Heide.**

Das im Prinzip eher beschauliche Dörfchen ist von Mai/Juni bis September pickepackevoll mit wasserwandernden Touristen – wenn die Busse polnischer und deutscher Reisegruppen mitunter gleich in Kolonne anrollen und auf der Krutynia Hundertschaften von Paddlern unterwegs sind. Darauf ist man vorbereitet: In fast jedem Haus und Hof entlang der Hauptstraße werden Kajaks und Transporte angeboten, viele können hier zumindest ein wenig Deutsch. Wer es stiller mag, kommt in der Vor- oder Nachsaison – für Mehrtagestouren mit Übernachtung im Zelt ist es dann zu kalt, aber Tagesausflüge gehen sogar im Winter problemlos.

SIGHTSEEING

MUZEUM PRZYRODNICZE

Das Naturkundemuseum in einer ehemaligen Scheune am Verwaltungssitz des Masurischen Landschaftsparks zeigt das 540 km² große Schutzgebiet von seiner grünsten Seite. Es gibt hier auch Landkarten, gutes Informationsmaterial und Pläne für die Naturlehrpfade des Reservats, die zu den schönsten Masurens gehören. *Mai–Sept. Mo–Fr 8–15, Juli/Aug. auch Sa/So 9.30–16.30 Uhr | Eintritt frei, Spende erbeten | Krutyń 66 | mazurskipark.pl | 1 Std.*

ESSEN & TRINKEN

KARCZMA ZACISZE

Das rustikale Gasthaus am Fluss ist *der* Klassiker in Krutyń. Viele Paddler legen hier an, um sich zu stärken – es gibt Fisch- und Fleischgerichte, Pasta, Pizza, ebenso masurische Spezialitäten wie gebratene Maränen und Sauerampfersuppe. Das Zacisze hat eine Filiale in Ukta, an der Brücke über die Kruttinna. *Tgl. 12–20 Uhr | Krutyń 33 | Tel. 89 7 42 21 50 | €*

KRUTYNIANKA

Der Pavillon macht nicht so viel her, aber auf der Terrasse über dem Fluss sitzt und isst man gut. Im Sommer wird's allerdings besonders mittags schon mal sehr voll. Für die honiggefüllten Pfannkuchen lohnt sich aber das Warten. *Tgl. 9–22 Uhr | Krutyń 34 | Tel. 604 63 01 57 | krutynianka.pl | €€*

SHOPPEN

Im Sommer findet auf dem Marktplatz ein kleiner *Bauernmarkt (Mo–Fr)* statt, auf dem du Pilze, Beeren und Bernstein, aber auch Kunsthandwerk, Stickereien, Bunzlauer Keramik, Wollsachen und anderes Folkloristisches kaufen kannst. Manches ist Kitsch, manches sehr geschmackvoll.

SPORT & SPASS

KRUTYNIA (KRUTTINNA) ★

Der schönste Abschnitt der Krutynia beginnt genau hier. Also: Wenn dir die große, mehrtägige Kajaktour auf der Krutynia zu lang ist, ist Krutyń der richtige Platz für dich: Leih dir bei einem der gefühlt 10 000 Anbieter für ein paar Stunden ein Kanu und paddel einfach drauflos. Ein guter Vermieter, auf deutsche Gäste eingestellt, ist *AS Tour (Krutyń 4 | Tel. 89 7 42 14 30 | e-kanu.de)*. Das freundliche Team kümmert sich auch um den Rücktransport. Auch kannst du dich von Profis bei geführten Touren begleiten lassen. Und wenn Krutyń zu voll ist: In den nahen Dörfern wie Ukta und Zgon gibt's auch eine Menge Kajaks.

Wenn du dich lieber einfach nur zurücklehnen willst, dann lass dich doch staken! Eine schöne zweistündige Tour führt von der Anlegestelle im Dorf zunächst gegen den Strom bis zum Krutyńskie-See und dann mit dem Fluss retour durch den grünen Tunnel des Waldes.

INSIDER-TIPP **Gestakt, nicht gepaddelt**

Nach Vorbestellung organisieren die Staker für Gruppen auch eine romantische abendliche Lampionfahrt. *Perkun (Vereinigung freier Bootsstaker) | Krutyń 4 | Tel. 89 7 42 15 56 | masuren-perkun.de*

RUND UM KRUTYŃ

15 JEZIORO MOKRE (MUCKER-SEE)

2 km/10 Min. per Rad ab Krutyń nach Westen bis zum Zeltplatz

Außer dem Fluss Krutynia und dem 55 ha großen Krutyńskie-See gibt es nicht weit westlich von Krutyń noch den Mucker-See.

INSIDER-TIPP **Auf schwankendem Boden**

Du kannst auf einem gelb markierten Wanderweg durchs Torfmoor und durch ein Wäldchen dorthin wandern. Besonders ro-

Bauernmarkt in Krutyń: Die bunte Vielfalt aus Masurens Gärten gibt's hier körbchenweise

mantisch ist die Strecke am späten Nachmittag und in den Abendstunden, wenn die Sonne über dem See untergeht. F6

16 GAŁKOWO (NIKOLAIHORST)

5 km/6 Min. per Auto ab Krutyń

Eines der schönsten im ursprünglichen Stil erhaltenen masurischen Dörfer. Von 1820 bis in die frühe Nachkriegszeit lebten hier russischstämmige Altgläubige – Gałkowo ist eins der letzten Philipponendörfer. Der kleine *Friedhof der Altgläubigen* mit den charakteristischen Kreuzen liegt auf einem Hügel inmitten von Feldern.

Statte auf jeden Fall dem Alten Jagdhof einen Besuch ab, dem *Dwór Łowczego (Gałkowo 46 | Tel. 87 4 25 70 73 | galkowo.pl | €€)*: In dem von Aleksander Potocki (spricht Deutsch) aus Sztynort (Steinort) hierher versetzten und originalgetreu wieder aufgebauten historischen Gasthaus wurde ein gemütliches rustikales Restaurant eingerichtet. Eine Etage des Dwór Łowczego ist als *Salon Marion Dönhoff* der 2002 verstorbenen einstigen „Zeit"-Herausgeberin gewidmet. Anhand von Büchern, historischen Fotos und Tondokumenten wird an die deutsche Journalistin und ihren großen Beitrag für ein besseres Verständnis zwischen Deutschen und Polen erinnert. Gräfin Dönhoff stammt aus Friedrichstein bei Königsberg (heute Kaliningrad) und war mehrfach in Gałkowo zu Besuch.

Zum Alten Jagdhof gehört auch das *Gestüt Ferenstein (Stadnina Koni Ferenstein | Tel. 87 4 25 70 68 | stadnina-galkowo.pl)*. Hier kannst du Reitkurse, Ausritte und Kutschfahrten durch die Johannisburger Heide buchen. F6

17 KADZIDŁOWO (EINSIEDELN)

6,5 km/12 Min. per Auto ab Krutyń über die 609 Ukta-Mikołajki, bei Nowe Ukta ausgeschildert

Auge in Auge mit dem Wolf: Eine Führung – auch auf Deutsch – durch den *Wildtierpark Kadzidłowo (tgl. 10 Uhr bis zur Dämmerung | 40 Zł., Kinder 20 Zł. | kadzidlowo-park.pl)* mit seinen Wölfen, Wisenten, Bibern und Fischottern, den Rot- und Damhirschen ist ein echtes Highlight.

Szczytno: Holzskulpturen vor der Ruine der Ordensburg, hinten das Rathaus

Am Rande des Tierparks wartet ein sehr originelles Lokal auf Gäste: die *Oberża pod psem (tgl. 9–20 Uhr | Kadzidłowo 1 | Tel. 87 4 25 74 74 | oberzapodpsem.com.pl | €).* In ihrer „Herberge zum Hund" servieren Danuta und Krzysztof Worobiec herzhafte, traditionelle und regionale Kost in einem urigen Holzhaus und zeigen dir dazu auch gern ihr kleines *Heimatmuseum* mit so einigen Schätzen aus der fast vergessenen Welt des bäuerlichen Lebens in der Johannisburger Heide.

INSIDER-TIPP
Auf den Hund gekommen

Alle vier Häuser des Anwesens – das älteste ist über 200 Jahre alt und gibt es so nur noch ein einziges Mal – waren verfallene Ruinen in Dörfern der Umgebung. Sie wurden mühsam geborgen und Balken für Balken, Stein für Stein in Kadzidłowo originalgetreu wieder aufgebaut, anschließend detailversessen mit altem, zum Teil skurril wirkenden Hausrat eingerichtet. Einige der Zimmer kann man sogar mieten. *F6*

18 PIERSŁAWEK (KLEINORT)

12 km/18 Min. per Auto ab Krutyń über die 610

Im kleinen *Forsthaus Piersławek* wurde am 18. Mai 1887 der Dichter Ernst Wiechert geboren. Ein kleines, von der „Masurischen Gesellschaft der Freunde Ernst Wiecherts" eingerichtetes *Museum (Mo–Fr 10–16, Sa/So 10–14 Uhr | 10 Zł. | Tel. 89 7 42 14 77 | 30 Min.)* mit Fotos und Büchern erinnert an „Masurens stillen Dichter" und seine naturalistischen Romane, in denen die Waldlandschaft als Symbol steht für das einfache Leben in der Natur und die Abkehr von Staat und Fortschritt in Zeiten des aufziehenden Nationalsozialismus. *F5*

SZCZYTNO (ORTELSBURG)

(D7) **Die im Südwesten Masurens gelegene Kleinstadt Szczytno am Kleinen und am Langen Domowy-See ist einer der ältesten Orte der Region.**

Er wurde gegründet um 1350 als Grenzfestung des Deutschen Ordens gegen die heidnischen Galinder und das polnisch beherrschte Masowien und war jahrzehntelang heftig umkämpft. Längst jedoch geht es hier friedlich zu. An die Burg der deutschen Mönchsritter erinnert nur noch eine Ruine. In der Umgebung der Stadt (22 100 Ew.) findest du schöne Erholungsgebiete zwischen Wäldern und Seen und ausgeschilderte Wege für Wanderungen und Radtouren. Besonders nett: die gut 28 km lange markierte „Tatarenroute", die entlang der Johannisburger Heide nach Babięta führt.

SIDER-TIPP
Den Tataren auf der Spur

SIGHTSEEING

ORDENSBURG (ZAMEK KRZYŻACKI)

Wild zu geht es hier vor allem während des Stadtfests Anfang Juli: Hobbyritter tragen dann in historischer Kulisse ihre Schwertkämpfe aus, und die ganze Burg erwacht mit Jubel und Trubel zu neuem Leben. Die Ruine der gotischen Festung aus dem 14. Jh. steht auf der Landbrücke zwischen den Seen, nahe dem zentralen *plac Juranda*. Gleich daneben im Rathaus präsentiert das *Muzeum Mazurskie (Juni–Sept. Di–So 10–17, sonst 9–16 Uhr | 14 Zł. | Sienkiewicza 1 | szczytno.muzeum.olsztyn.pl | 1 Std.)* historischen Hausrat und Kunsthandwerk.

ESSEN & TRINKEN

MAZURIANA

Irgendwie kommt man sich in diesem Restaurant wie in einem schwedischen Möbelhaus vor – wohl, weil die Möbel aus einem solchen stammen. Aber das muss ja nichts heißen. Auf der Speisekarte stehen masurische Fischspezialitäten, z. B. Zanderfilet mit Spinat und gerösteten Nüssen. *Tgl. 11–22 Uhr | ul. Sienkiewicza 2 | Tel. 89 6 24 14 93 | mazurianaszczytno.pl | €€*

SCHÖNER SCHLAFEN IN LIPOWO

PENNEN AUF DEM BIOHOF

Ganz in der Nähe von Lipowo (Lindendorf) betreiben Iwona und Krzysztof Stegner, die beide gut Deutsch sprechen, am Südufer des Probarskie-Sees einen schönen, ökologisch ausgerichteten Urlaubsbauernhof mit fünf individuell eingerichteten Zimmern. Zum Frühstück genießt man selbst gemachten Ziegenkäse und Konfitüre von Obst aus dem zertifizierten Ökogarten. *Pension Jakubowo (Jakubowo 5 | Tel. 89 7 42 43 33 | jakubowo5.com.pl | €€).* F6

DER NORDEN

MASUREN AHOI!

Segeltörns und Ritterspiele: Im Norden von Masuren warten auf dich Schiffsausflüge, wunderbare Segelstrecken und alte Burgen. Giżycko (Lötzen) und Węgorzewo (Angerburg) sind die Wassersportzentren der Masurischen Seen.

Denn an der nördlichen „Pforte Masurens" beginnt die Segelstrecke bis in den Süden der Masurischen Seenplatte nach Ruciane-Nida oder Pisz. Die Ausflugsschiffe der Weißen Flotte steuern aus Węgorzewo und Giżycko alle größeren Orte Masurens an. Auch wenn

Magisch: Sonnenuntergang hinter dem Jezioro Jagodne bei Miłki

du ein Pferdenarr bist oder lange Radtouren planst, bist du in Nordmasuren genau richtig. Viele Gestüte sind auf Ferien im Sattel spezialisiert. Und die schönsten Radtouren führen durch die Puszcza Borecka, die Borkener Heide, oder auch am nie fertig gebauten Masurischen Kanal entlang, der einmal die Seenplatte mit der Ostsee verbinden sollte. Bei Kętrzyn und bei Mamerki (Mauerwald) stehen die Überreste der ehemaligen Hauptquartiere Hitlers und der Wehrmacht. Finstere Bunkerstädte, heute eindrückliche Mahnmale.

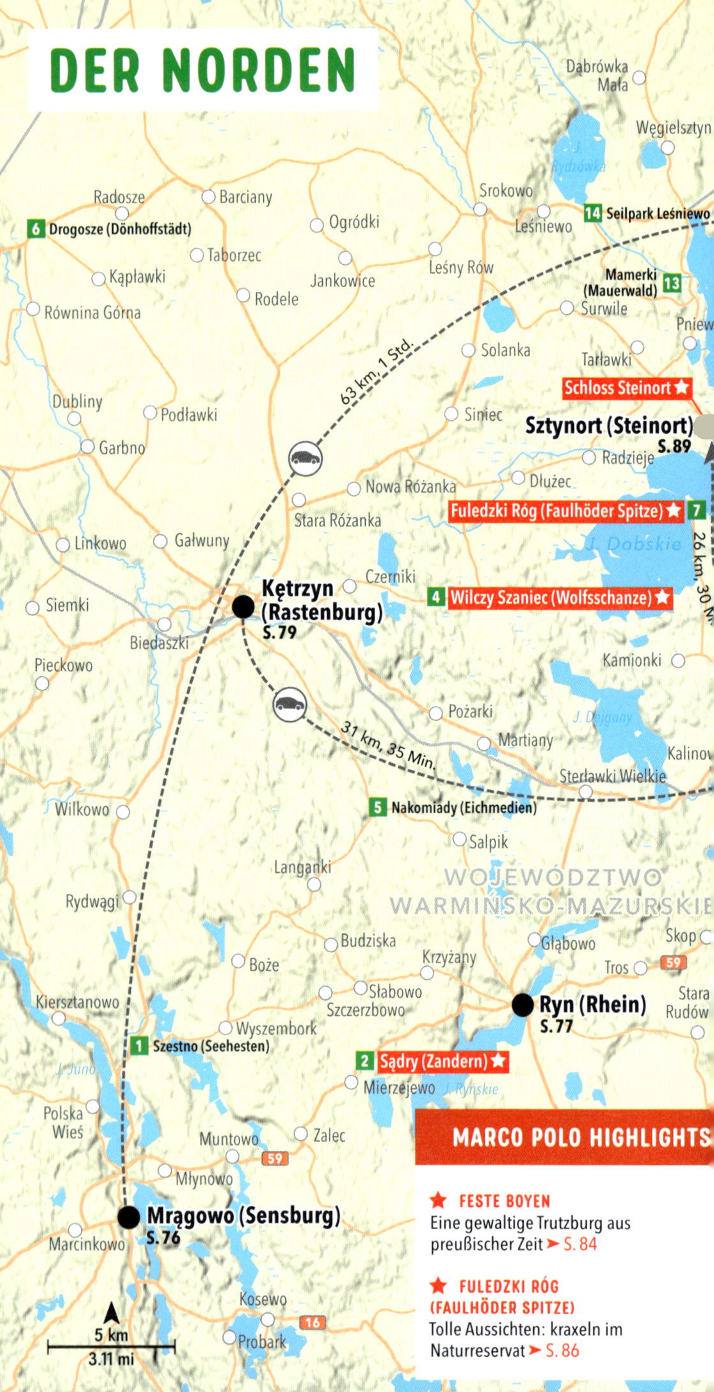

MARCO POLO HIGHLIGHTS

★ **FESTE BOYEN**
Eine gewaltige Trutzburg aus preußischer Zeit ➤ S. 84

★ **FULEDZKI RÓG (FAULHÖDER SPITZE)**
Tolle Aussichten: kraxeln im Naturreservat ➤ S. 86

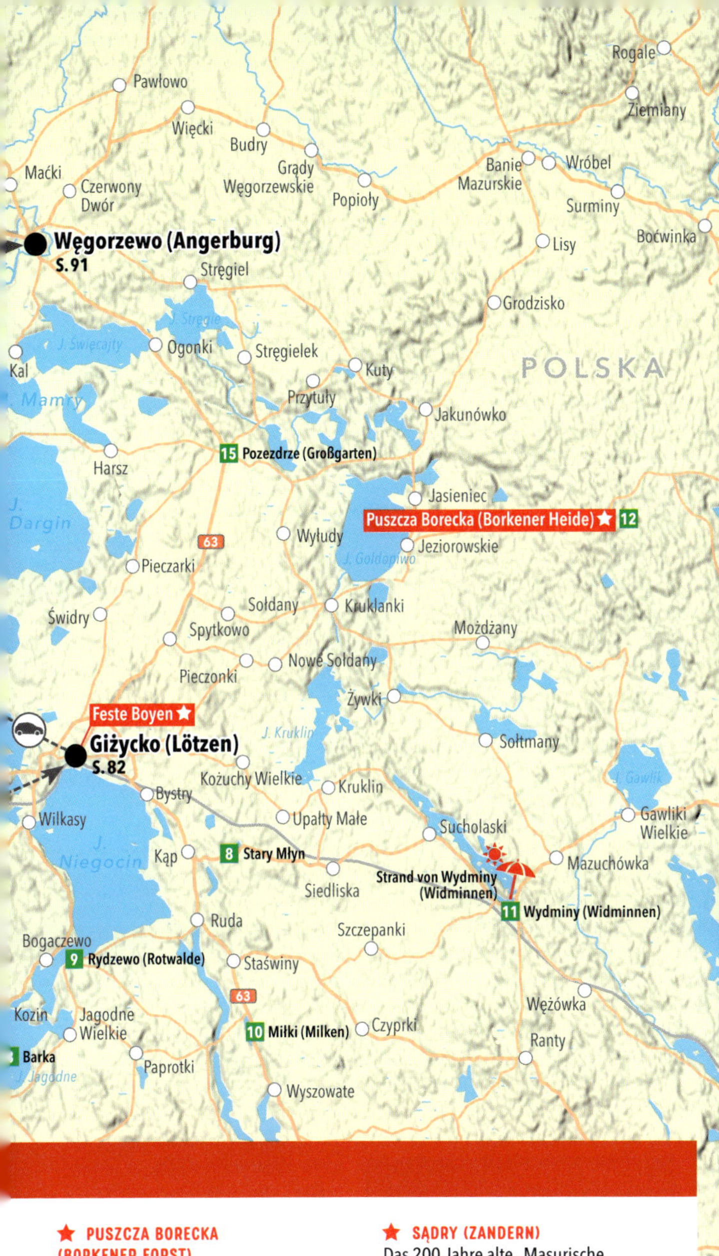

★ PUSZCZA BORECKA (BORKENER FORST)
Ein Urwald zum Wandern und Radfahren
➤ S. 89

★ WILCZY SZANIEC (WOLFSSCHANZE)
Der Wahn der Nazis und das Gedenken an den 20. Juli 1944 ➤ S. 80

★ SĄDRY (ZANDERN)
Das 200 Jahre alte „Masurische Bauernhaus" Chata Mazurska ist Privatmuseum ➤ S. 79

★ SCHLOSS STEINORT
Verfallene, langsam wiederkehrende Pracht ➤ S. 89

MRĄGOWO (SENSBURG)

(🕮 E4–5) **Mrągowo (20 800 Ew.) ist für viele Masuren-Besucher ein beliebtes Ziel – für einen Stadtbummel ebenso wie als Ausgangspunkt für Touren zu den Großen Seen und in die Johannisburger Heide.**
Die Innenstadt haut einen nicht gerade um, aber das geschäftige Städtchen strahlt eine angenehme Atmosphäre von Urlaub, Badefreuden und Es-sich-gut-gehen-Lassen aus. Das liegt zum einen an den fünf Seen in und rund um Mrągowo, aber auch an den vielen Festivals, für die die Kreisstadt in ganz Polen bekannt ist. Das berühmteste, das *Piknik Country Mrągowo* lockt jedes Jahr im Juli Tausende Countryfans an.
Wie viele andere Städte im Norden Polens geht auch Mrągowo auf eine Gründung der Ordensritter zurück. Ihren polnischen Namen erhielt die Stadt 1947 nach Krzysztof Celestyn Mrongowiusz (1764–1855), der die Vorlesungen Immanuel Kants an der Königsberger Albertina gehört und danach eine „Philosophische Abhandlung über Religion und Moral" in polnischer Sprache veröffentlicht hatte.

SIGHTSEEING

STADTZENTRUM

Ein wenig Schlendern in der Stadtmitte kann nicht schaden: An der *ul. Warszawska*, der *ul. Ratuszowska* und der *ul. Królewska* stehen noch heute einige ansehnliche Patrizierhäuser aus dem 19. Jh., darunter auch ein paar mit einer gut erhaltenen Jugendstilfassade. Die *Evangelisch-Augsburgische Kirche* (18. Jh.) an der *ul. Kościelna* besitzt eine moderne Innenausstattung, und an der *ul. Królewska* beten die Menschen in der imponierenden neogotischen *St.-Adalbert-Kirche* im römisch-katholischen Ritus.

GÓRA CZTERECH WIATRÓW

Der Aussichtspunkt, der zu den schönsten der Masurischen Seenplatte zählt, liegt auf einer Halbinsel, die in den Jezioro Czos (Schoß-See) hineinragt. Vom höchsten Punkt auf diesem „Berg der vier Winde" hast du einen Panoramablick de luxe. Am besten kommst du über einen Feldweg dorthin, der von der Straße Mrągowo–Mikołajki nach ca. 4 km abzweigt. Außerdem legt im Stadtzentrum auch eine Fähre über den See ab.

INSIDER-TIPP
Windigen Traumblick genießen

ESSEN & TRINKEN

RESTAURACJA RATUSZOWA

Das beste Restaurant der Stadt! Schick, lecker, kinderfreundliche Atmosphäre, nette Bedienung, tolle Lage im Zentrum. Und die Besitzer haben Sinn für Humor: Auf der Karte steht der „Sensburger" in Anspielung auf den alten deutschen Namen der Stadt: Sensburg. *Mo–Sa 12–21, So 12–20 Uhr | Mały Rynek 5 | Tel. 574 24 42 33 | ratuszowa.com.pl | €€*

INSIDER-TIPP
Ich bin ein Sensburger

STARA CHATA

Die „Alte Kate" ist eingerichtet wie ein Wirtshaus aus vergangenen Tagen mit Holzbalken an der Decke und ausladendem Buffetschrank. Die Speisekarte passt dazu: polnische Klassiker, masurische Spezialitäten und eine saisonal angepasste Auswahl an Wild- und Fischgerichten. Auch vegetarische Optionen. *So–Do 11–21, Fr/Sa 11–22 Uhr | ul. Warszawska 9 | Tel. 89 7 41 45 02 | restauracja-staracha ta.pl | €€–€€€*

RUND UM MRĄGOWO

1 SZESTNO (SEEHESTEN)

8 km/10 Min. per Auto ab Mrągowo

Eine für Masuren kulturgeschichtlich bedeutende Kirche steht mit der um 1450 erbauten *Kreuzkirche* in diesem kleinen Dorf. Ihr wuchtiger gotischer Turm mit den bis zu 2,5 m dicken Außenmauern erinnert an bewegte Ordenszeiten, als Kirchen im eben erst christianisierten Land noch Wehrburgen ähnelten. Im Inneren blieb viel Ausstattung aus vorreformatorischer Zeit erhalten, so eine gotische Skulpturengruppe und die Darstellung des Totentanzes an der Decke. Berühmt ist die Kirche aber für ihren kostbaren Hochaltar, in dem unter anderem Martin Luther und Schwedenkönig Gustav Adolf dargestellt sind. Wenn die Tür geschlossen ist, bekommst du den Schlüssel im Pfarrhaus oder beim Küster im Haus mit dem *Lebensmittelladen.* E4

Eigenwillig: Brunnenskulptur in Mrągowo

RYN (RHEIN)

(F4) **Die schlechten Zeiten sind zum Glück vorbei, und Ryn ist zurück auf der masurisch-touristischen Landkarte!**

Jahrzehntelang führte man ein Aschenputteldasein. Die Häuser wirkten grau und heruntergekommen. Noch trauriger stand es um die alte *Ordensburg* auf einem Hügel über der malerisch zwischen zwei Seen eingebetteten Stadt. Es war aber kein Prinz, der sie wachgeküsst hat, sondern der Hotelier Andrzej Dowgiałło mit seiner millionenschweren Firma. Jetzt thront die Burg, eines der größten Bauwerke der Ordenszeit in Europa, wieder als ziegelrotes Juwel über der Stadt. In

Planschen im Gewölbekeller des Hotels Zamek Ryn: Die Burg ist Ryns Attraktion

dem riesigen Backsteinbau wurden ein Viersternehotel und ein Kongresszentrum eröffnet. Einmal modern aufbereitetes Mittelalter probieren, sich im Burgrestaurant verwöhnen lassen oder einfach nur einen Blick hinter die mächtigen Mauern wagen, lohnt sich. Dem Ort (2700 Ew.) bekam die Finanzspritze durch den Verkauf der Burg sichtlich gut. EU-Zuschüsse taten ein Übriges. Viele Fassaden erhielten frische Farbe, neue Bürgersteige wurden gepflastert, Uferwege mit Ruhebänken entstanden.

SIGHTSEEING

HOLLÄNDER-WINDMÜHLE

Wenn man die Hauptstraße Giżycko–Mrągowo entlangfährt, sieht man oben auf einem Berg eine weiß gekalkte Holländer-Windmühle aus dem 19. Jh. stehen. Sie kann leider nur von außen besichtigt werden. Von der Mühle aus hat man aber einen schönen Blick aufs Tal und den Ryńskie-See.

ESSEN & TRINKEN

RESTAURACJA REFEKTARZ

Das rustikale und gleichzeitig feine Restaurant, das zum Burghotel in Ryn gehört, bietet für jede Jahreszeit eine völlig andere Speisekarte: im Frühling Spargel, Krebse und Hammel, im Sommer leichte vegetarische Küche, im Herbst Pilze und Wild sowie im Winter kräftige slawische Gerichte. *Mo/Di 11–21, Mi–Fr 12–21.30, Sa/So 12–22 Uhr | plac Wolności 2 | Tel. 87 4 29 70 18 | zamekryn.pl | €€–€€€*

SPORT & SPASS

Auf der Burg finden verschiedenste Veranstaltungen rund ums Rittertum statt – vom Festschmaus bis zum Schwertkampf. Zudem wird immer Ende Juli ein Mittelalter-Kulturfestival gefeiert. Info: *zamekryn.pl*

RUND UM RYN

2 SĄDRY (ZANDERN) ★

7 km/7 Min. per Auto ab Ryn

Südwestlich von Ryn haben Krystyna Dickti – eine echte Masurin, von denen es nicht mehr viele gibt – und ihr Mann Dietmar in Sądry ein kleines Privatmuseum eingerichtet: die *Chata Mazurska* – das „Masurische Bauernhaus". Gesammelt hat das Ehepaar alte Hausgeräte und Möbel, wie sie für masurische Bauernhäuser typisch sind. Damit wurde ein 200 Jahre altes Haus eingerichtet. In zwei Scheunen haben landwirtschaftliche Gerätschaften und Maschinen einen Platz gefunden. *Tgl. 10–17 Uhr | 20 Zł. | Sądry 3 (an der Straße 59) | muzeumchatamazurska.pl | 30 Min. | F4*

3 BARKA

16 km/17 Min. per Auto ab Ryn

Die meisten rustikalen Gasthäuser in Ryn sind ganz nett, aber bei Essen und Service schwankt die Qualität schon hier und da. Apropos schwanken: Iss doch einfach mal auf einem Boot! Das geht auf der Barka am Ufer des Jagodne-Sees ganz hervorragend. Ganz billig ist es freilich nicht, aber du musst hier ja nicht täglich herkommen. *Tgl. 13–19 Uhr | Prażmowo 58 | Tel. 601 35 77 88 | barka.com.pl | €€ | G4*

KĘTRZYN (RASTENBURG)

(F3) **Kętrzyn (25 500 Ew.) wird vor allem mit der Wolfsschanze, Adolf Hitlers Hauptquartier in Ostpreußen, in Verbindung gebracht.** Dass es in Kętrzyn eine gut erhaltene Ordensburg und eine imposante Wehrkirche gibt, überrascht die meisten Besucher dagegen positiv. Ganz bewusst kehrt Kętrzyn daher spielerisch in die Zeit des Ordensstaats und der polnischen Aufstände gegen die Ritter zurück. Jedes Jahr im August reisen hier „Ritter" aus ganz Polen an, um sich in verschiedenen Waffengattungen zu messen. Minnesang, Spanferkelbraten, Korbflechten, Kerzenziehen und andere Handwerke gehören ebenfalls zu diesen Ritterspielen.

Nach dem Zweiten Weltkrieg wurde die Stadt nach dem Historiker Wojciech Kętrzyński (1838–1918) benannt, der eigentlich Adalbert von Winkler hieß. Als er aber er von den polnischen Wurzeln seiner Familie erfuhr, änderte er seinen Namen und wurde zu einem engagierten Kämpfer für die polnische Bewegung in der Vielvölkerregion Masuren.

SIGHTSEEING

GOTISCHE ORDENSBURG ☂

Die 1329 zum Schutz vor den pruzzischen Barten und den Litauern gegründete Ordensburg ist eines der bedeutendsten Denkmale gotischer Militärarchitektur im einstigen Ostpreußen. Die Burg wurde mehrfach verwüstet, wieder auf- und umgebaut. Umgeben ist sie von einer massiven Wehranlage mit 13 Basteien. Im *Burgmuseum* ist neben einer Ausstellung über das Rastenburg in der Vorkriegszeit die Reiterstandarte Friedrichs von der Groeben (1645–1712) interessant. Der deutsche Adlige kämpfte im polnischen Heer unter König Johann III. Sobieski. Auf der Website gibt's einen aufschlussreichen 360-Grad-Einblick in das Museum. *Di–So 10–17 Uhr | 15 Zł. | ul. Zamkowa 1 | muzeum.ketrzyn.pl | ⏲ 1½ Std.*

KOŚCIÓŁ ŚW. JERZEGO (ST.-GEORGS-KIRCHE)

Die dreischiffige Wehrkirche St. Georg mit ihrem 48 m hohen Glockenturm, 1370 geweiht, war einmal Teil der Stadtmauer und sieht selbst wie eine kleine gotische Burg aus. Im Kontrast dazu wirken die schönen Kristallgewölbe (um 1515) innen umso filigraner. *ul. Zamkowa 5*

BUDYNEK DAWNEJ LOŻY MASOŃSKIEJ (FREIMAURERLOGE)

Mit den Freimaurern verbinden sich zahllose Legenden und Verschwörungstheorien. Mach dir doch einfach mal selbst ein Bild: Auf halbem Weg zwischen St.-Georgs-Kirche und Innenstadt erhebt sich am Innenstadtkreisel ein neugotisches Bauwerk mit vier achteckigen Türmchen: der ehemalige Sitz der Rastenburger Freimaurerloge „Die Tore des Tempels" von 1865 *(Budynek dawnej Loży Masońskiej)*. Heute geht es etwas weniger geheimnisvoll zu: Hier ist der Sitz der Arno-Holz-Gesellschaft für deutsch-polnische Verständigung *(fulgura.de)*, mit einer sehenswerten Ausstellung. Der Verein ist nach dem in Rastenburg geborenen Schriftsteller und Lyriker Arno Holz (1863–1929) benannt, einem der Begründer des Naturalismus in der deutschen Dichtkunst.

ESSEN & TRINKEN

STARA KAMIENICA

Edel-rustikal im Stil eines historischen Bürgerpalais eingerichtet, am Rathausplatz. Auf der Speisekarte gibt es eine traditionell altpolnische und eine eher mediterran angehauchte Abteilung. Im Sommer sitzt man schön im Hof. *Tgl. 11–22 Uhr | pl. Piłsudkiego 12 | Tel. 89 7 51 05 67 | restauracja-stara chata.pl | €€*

RUND UM KĘTRZYN

4 WILCZY SZANIEC (WOLFSSCHANZE) ★ ⚑

9 km/13 Min. per Auto ab Kętrzyn

Mitten im Wald liegt Adolf Hitlers ehemaliges Hauptquartier in Ostpreußen, die Bunkerstadt Wolfsschanze. Heute

Einst Marktstände, heute Souvenirshops: im Innenhof der Ordensburg von Kętrzyn

ziehen die mehr als 80 Bunkerruinen jedes Jahr um die 200 000 Besucher an. Seit 1992 erinnert ein Denkmal an das missglückte Attentat auf Hitler vom 20. Juli 1944. Lange hatten deutsche und polnische Diplomaten um den Wortlaut der Inschrift gerungen. Am Ende einigte man sich auf den Text: „Hier stand die Baracke, in der am 20. Juli 1944 Claus Schenk Graf von Stauffenberg ein Attentat auf Adolf Hitler unternahm. Er und viele andere, die sich gegen die nationalsozialistische Diktatur erhoben hatten, bezahlten mit ihrem Leben."

800 Tage, gut zwei Jahre lang, hat Hitler hier mit kurzen Unterbrechungen hinter 7 m dicken Stahlbetonwänden gelebt. Hier arbeiteten er und sein Stab die Pläne für das „Unternehmen Barbarossa" aus, den Überfall auf die Sowjetunion. Mit dem Näherrücken der Roten Armee wurde es Hitler in der Wolfsschanze zu gefährlich. Am 20. November 1944 verließ er sie. Da das Führerhauptquartier nicht in die Hände der Sowjets fallen sollte, versuchten Sondereinheiten der Wehrmacht die Anlage mit bis zu 12 t (!) Sprengstoff pro Bunker zu sprengen. Dies gelang nicht. So zeugen noch heute die Ruinen dieser Bunkerstadt vom Wahn der Nazis.

Der Wilczy Szaniec ist heute ein Privatunternehmen. Die Führungen sind teuer, ihr Informationsgehalt ist je nach Guide schwankend. Kauf dir lieber in einem der vielen Kioske einen Routenplan mit den durchnummerierten Bunkern oder eins der Fachbücher, die dort in reicher Auswahl und auch in deutscher Sprache angeboten wer-

INSIDER-TIPP
Bunkern auf eigene Faust

den. Es gibt zwei Rundwege: Die mit roter Markierung versehene, etwa 1,5 km lange Route führt durch die ehemalige Sperrzone 1, der blau markierte Weg ist länger (etwa 2,5 km) und führt an allen wichtigen Bunkerstandorten entlang; beide Wege beginnen am großen Parkplatz.

Fragwürdige Attraktion: Im Bunker Nr. 17 gibt es einen Schießstand, an dem man sich an Repliken historischer Weltkriegswaffen als Scharfschütze trainieren kann. Und es geht noch bizarrer: Man kann an diesem beklemmenden Ort übernachten, im früheren Quartier von Hitlers Leibgarde. *Tgl. bis zum letzten Tageslicht | 20 Zł., Parkplatz 10 Zł., Führung ab 120 Zł. für bis zu 20 Personen | Tel. 89 7 52 44 29 | wolfsschanze.pl | ▯ F3*

5 NAKOMIADY (EICHMEDIEN)

11 km/11 Min. per Auto ab Kętrzyn

Das Schicksal schien besiegelt für Schloss Eichmedien, wie für so viele ehemalige Adelssitze Masurens: Erbaut um 1680 für einen gewissen Johann von Hoverbeck, nach dem Zweiten Weltkrieg zum sozialistischen „Gemischtwarenladen" verschiedenster Nutzungen verkommen, schließlich dem Verfall preisgegeben. Doch Ende der 1990er-Jahre fand Nakomiady neue Besitzer, die es ernst meinten: Stein für Stein restaurierten sie das Schloss und den barocken Park, legten ein wunderbares *Rosarium* an und brachten sogar die alte Ofenkachel-Produktion wieder in Gang, die heute als *Keramik-Manufaktur* firmiert und viel Publikum anzieht. Neben Fliesen entstehen hier Tassen, Kerzen, Steckdosen- und Lichtschalterrahmen. Du kannst den Töpfern bei der Arbeit zuschauen, und natürlich ist Kunst hier auch käuflich. *Nakomiady Pałac | Juni–Mitte Sept. tgl. 7–18, sonst Mo–Fr 7–15 Uhr | nakomiady.pl | ▯ F3*

INSIDER-TIPP
Töpfern auf die Finger schauen

6 DROGOSZE (DÖNHOFFSTÄDT)

18 km/19 Min. per Auto ab Kętrzyn

Die ganze Pracht der einstigen ostpreußischen Adelsgesellschaft ist in Drogosze an der Landstraße 590 zwischen Korsze und Barciany zu sehen. Das weiße Barockschloss liegt etwas versteckt westlich des eigentlichen Dorfs sehr fotogen an einem großen Teich. Nach dem Zweiten Weltkrieg war hier eine staatliche Schule für junge Bauern untergebracht. Inzwischen ist das Schloss wieder in Privatbesitz, aber geschlossen: Die Anlage mit dem riesigen Park kann derzeit leider nur von außen besichtigt werden. Dem Eigentümer fehlen angeblich die nötigen Millionen für eine Sanierung. *▯ E2*

GIŻYCKO (LÖTZEN)

(▯ G–H3) **Was Mikołajki kann, kann Giżycko erst recht: richtig toll zwischen mehreren Seen liegen – genauer gesagt zwischen dem Jezioro Kisajno (Kissain-See) und dem Jezioro Niegocin (Löwentin-See).**

Während Mikołajki kleiner, übersichtlicher und voller ist, verteilt sich in Giżycko, der mit 26 100 Ew. größten Stadt Masurens, alles ein wenig besser. Und eine Menge weiterer Seen liegen quasi vor der Haustür, zum Beispiel: Popówka Wielka und Mała. Die um diese Seen angelegten Wanderwege sind wie gemacht für Spaziergänge und Joggingrunden. Mehr als 20 Marinas bieten rund 1500 Bootsliegeplätze – und weitere sind bereits in Planung. Kein Wunder also, dass Giżycko zu den absoluten Hotspots für Wassersport und Urlaub in Polen zählt. Im Sommer segeln, tauchen und schwimmen die Besucher oder richten vom Boot aus das Fernglas auf eine der vielen kleinen Inseln im Kissain-See: Die Vogelreservate sind Paradiese für Kraniche, Schwarzstörche und die seltenen Nachtreiher. Im Winter gönnen sich hartgesottene Touristen ein eiskaltes Vergnügen: Eissegeln. Auf Kufen unter Segeln mit Tempo 70 über die zugefrorenen Seen zu flitzen, ist ein unvergessliches Erlebnis.

Die Stadtgeschichte reicht bis zu den Pruzzen zurück, deren hölzerne Wehranlage 1283 vom Deutschen Orden erobert wurde. Das Burgschloss, das die Ritter an dieser Stelle errichteten, nannten sie Lötzen. Seinen heutigen Namen verdankt Giżycko dem Pastor und Sprachforscher Gustav Gisevius (1810–48), der aus einer alten masurischen Familie stammte. Er wehrte sich gegen die Preußen und ihre Germanisierungspolitik und kämpfte für den Erhalt des Polnischen.

Promenade am Kanal: „Masurens Sommerhauptstadt" Giżycko liegt zwischen zwei Seen

Wuchtiger Backsteinbau: eines der Tore der gewaltigen Feste Boyen

SIGHTSEEING

HAFEN

Mach auf jeden Fall einen Spaziergang am Hafen von Lötzen, der sich mit vielen Buden, Restaurants und einer modernen Marina über zwei Kilometer hinzieht. Du bist nicht am Meer, und doch kommt es dir fast schon mediterran vor, wenn du bei lauem Sommerwind an einem Mini-Sandstrand vorbei auf die kleine Seebrücke schlenderst.

DREHBRÜCKE

Originell ist die von Hand betriebene Drehbrücke über den Lötzener Kanal, die auf dem Weg zum Kreuz des hl. Bruno liegt. Die aus der zweiten Hälfte des 19. Jhs. stammende Brücke ist die einzige ihrer Art in Polen. Sechsmal täglich wird die Drehbrücke in der Saison geöffnet, um von Kajaks bis hin zu großen Segelbooten die Wassersportler durchzulassen. Schau dir das kleine Spektakel auf jeden Fall mal an. Die Schleusenzeiten werden unübersehbar per Leuchtschrift angezeigt.

FESTE BOYEN ★ ☂

Flanieren zwischen Wällen, Kasematten und Bastionen – das ist doch auch mal ganz nett! Die gewaltige Festung aus der ersten Hälfte des 19. Jhs. sollte die Ostgrenze des Deutschen Reichs schützen. Ende Januar 1945 fielen der Roten Armee die Festung wie auch die Stadt Lötzen selbst kampflos zu. Nach dem Krieg diente die Burg höchst zivilen Zwecken – als Hühnerfarm, Käsereife und Getreidemagazin. Seit Mitte der 1990er-Jahre wird sie in Regie der „Gesellschaft der Freunde der Festung Boyen" restauriert und das verwinkelten Areal Besuchern zugänglich gemacht.
Ein Teil der der über 100 ha großen Anlage wurde in ein Freilichttheater umgestaltet, das im Sommer Kulisse und Bühne für viele Konzerte, Festivals und Veranstaltungen ist. Die Fördergesellschaft betreibt in der Festung ein sehenswertes *Museum (Juli/ Aug. tgl. 9–19, Mai, Sept. 9–17, sonst 9–15 Uhr | 18 Zł. | twierdza.gizycko.pl)*, das die Geschichte der Anlage dokumentiert, Sonderausstellungen zeigt und über weitere Ausbaupläne informiert. *Eingang an der Brama Giżycka, dem Lötzener Tor | ⏲ 2 Std.*

KOŚCIÓŁ EWANGELICKI (SCHINKEL-KIRCHE)

Preußens Baumeistergenie lieferte zwar nur einen Entwurf, doch das reichte, die 1827 geweihte Pfarrkirche von Giżycko zur Schinkel-Kirche zu erklären. Die klare Formensprache spricht auch durchaus für die „preußische Beamtengotik" jener Tage. Das Gotteshaus ist heute Kirche der Evangelisch-Augsburger Gemeinde, die einmal pro Woche einen Gottesdienst in deutscher Sprache feiert. Noch interessanter: Im Rahmen des Lötzener Orgelsommers gibt's in der Kirche hörenswerte Orgelkonzerte (meist Sonntag 19 Uhr). *pl. Grunwaldzki*

WASSERTURM

Über 100 Jahre ist der Turm schon alt, und passend dazu könnt ihr drinnen eine Galerie historischer Fotos aus dem alten Lötzen betrachten. Das Beste gibt's quasi obendrauf: ein kleines Café unter der Turmspitze mit Aussichtsplattform für den Panoramablick auf Stadt und Seen. *Tgl. 10–18, Juni bis 20, Juli/Aug. bis 22 Uhr | 15 Zł. | ul. Warszawska 37 | wieza-gizycko.pl*

ORDENSBURG & KREUZ DES HL. BRUNO

Von der alten Ordensburg, gegründet 1377, blieb nur der Hauptflügel erhalten, er steht nahe der Drehbrücke, ist aufwendig restauriert und in ein edles Hotel verwandelt worden. An den Giebeln wurde im Lauf der Zeit oft herumgebaut, Renaissance und Barock hinterließen deutliche Spuren. Vom Burggelände führt die Allee ul. Lotnicza einen kleinen Berg hinauf, auf dem sich ein großes Kreuz zu Ehren des hl. Bruno aus Querfurt erhebt, der an dieser Stelle im Jahr 1009 den Märtyrertod gestorben sein soll – die Pruzzen hatten sich gewaltsam gegen die Christianisierung gewehrt. Auch wen diese spezielle Geschichte nicht so interessiert: Es ist ein netter Spaziergang und von der Anhöhe ein toller Blick auf den Löwentin-See.

ESSEN & TRINKEN

BAR OMEGA

Die Restaurantadresse in Giżycko, obwohl sie in keinem Hochglanzprospekt steht. Selbstbedienung an der Theke, ganz in der Tradition der alten polnischen „Milchbars" – dazu günstig, sauber, nah am Hafen. Besonders die Salatauswahl und die Piroggen sind top. An warmen Tagen sitzt du nett auf der Terrasse. *Tgl. 6–21 Uhr | ul. Olsztyńska 4 | baromega.pl | €*

INSIDER-TIPP
Wenn Teigtaschen, dann hier

BROWAR CHMURY

Du brauchst mal eine Pause von der Hausmannskost oder möchtest einfach nur in Giżycko am Wasser sitzen? Das Lokal braut sein eigenes Bier, hat eine tolle Terrasse am See mitten im Geschehen, und die Karte ist modern-international. *Tgl. 12–23 Uhr | Nadbrzeżna 11 | Tel. 87 5 66 19 04 | Facebook: browarchmury | €€*

THE WHITE BEAR COFFEE

Direkt neben der Bar Omega (siehe oben) hat ein kleines gemütliches Café eröffnet, in dem Eis und Kuchen super schmecken. Ganz besonders gut ist aber der von White Bear selbst geröstete Kaffee, den du hier auch in Bohnenform erwerben kannst. *Mo–Fr 7.30–21, Sa 8.30–21, So 8.30–20 Uhr | Olsztyńska 4 | Tel. 517 98 70 81 | €€*

SPORT & SPASS

SCHIFFSAUSFLÜGE

Die Weiße Flotte legt von Giżycko nach Węgorzewo, Mikołajki, Ruciane-Nida, Pisz und Sztynort ab. Außerdem werden Ausflugsfahrten wie die „Schwanen-Tour" und die Tour „Zur Kormoran-Insel" auf dem Kissain-See und dem Doben-See (Jezioro Dobskie) organisiert. Am Hafen gibt es Tourenbeschreibungen und Fahrpläne auf Deutsch. *Regulärer Schiffsbetrieb: Mitte April–Okt. | al. Wojska Polskiego 8 | zeglugamazurska.com.pl*

WASSERSPORTZENTREN & MOTORBOOTVERLEIH

Zwei Sportzentren mit Hotelbetrieb liegen am Kisajno-See, die Wassersportgeräte verleihen und Kurse anbieten.
- *Międzynarodowe Centrum Żeglarstwa i Turystyki Wodnej Almatur (Internationales Segel- und Wassersportzentrum Almatur) | ul. Moniuszki 24 | Tel. 87 4 28 33 88 | sail-mazury.pl*
- *Wassersportzentrum COS | ul. Moniuszki 22 | Tel. 87 4 28 23 35 | gizycko.cos.pl*

Am Hafenkai kannst du auch ohne Führerschein ein Motorboot mieten und damit nach Sztynort und zurück schippern. Ein bewährter Anbieter ist *Lili Czartery (ab ca. 100 Euro/2–3 Std. | Facebook: liliczartery).*

AUSGEHEN & FEIERN

SIWA CZAPLA

In der rustikalen Taverne (deutsch: „Graureiher") ist es abends meist rappelvoll, vor allem die Segler feiern hier gern – und am liebsten auf der Terrasse direkt am Jachthafen. *Tgl. 9.30–23 Uhr | ul. Nadbrzeżna 11 | Tel. 87 4 28 34 40 | €€*

RUND UM GIŻYCKO

7 FULEDZKI RÓG (FAULHÖDER SPITZE) ★

18 km/25 Min. per Auto ab Giżycko über die 592

In diesem Naturreservat, nordwestlich von Giżycko auf der einsamen Halbinsel im Kisajno-See, gibt es vor allem Steine zu sehen. Auf rund 40 ha erstreckt sich ein riesiges Findlingsfeld: graue und rosafarbene Granitsteine, Gneise, Quarzite, Porphyrfelsblöcke. Wer ein bisschen durch dieses Natur- oder besser „Steinreservat" klettert und den höchsten „Berg" erklimmt (immerhin 157 m!), wird mit einem tollen Blick über den Kissain- und den Doben-See belohnt. *G3*

8 STARY MŁYN

9 km/11 Min. per Auto ab Giżycko

Dieses Restaurant in einer 100 Jahre alten Wassermühle liegt südöstlich im Dörfchen *Upałty*, am Ufer des Ulpackie-Sees. Serviert wird deftige masurisch-polnische Kost, bekannt ist

An dieser lauschigen Restaurantterrasse legt man gerne an: die Marina von Giżycko

das rustikale Lokal für seinen Met (Honigwein). Wer zu viel davon gebechert hat, bezieht eines der hübschen Gästezimmer. *Tgl. 12–21 Uhr | ul. Upałty 2 | Tel. 87 4 29 27 18 | karczma-upalty.com | €–€€ | H3*

9 RYDZEWO (ROTWALDE)

15 km/16 Min. per Auto ab Giżycko

In dem idyllisch am Niegocin-See und am kleinen, in den Niegocin übergehenden Jezioro Boczne gelegenen Dorf steht ein Restaurant, das über die Grenzen Masurens hinaus bekannt ist: Im *Gospoda Pod Czarnym Łabędziem (tgl. 12–20 Uhr | Rydzewo 20a | Tel. 87 4 21 12 52 | gospoda.pl | €€)*, dem „Gasthaus zum Schwarzen Schwan", gibt es herzhafte ermländisch-masurische Spezialitäten nach historischen Rezepten, im urigen Ambiente eines alten Bauernhauses aufgetischt. Das Gasthaus ist alljährlich Austragungsort eines Wettbewerbs in regionaler Kochkunst. Hier wurde auch die Plötzenpastete wiederentdeckt, eine altmasurische Speise der Fischer. Vom kleinen Bootshafen von Rydzewo aus kann man schön in See stechen, z. B. indem man sich im Segelboot für ein paar Stunden über den Niegocin-See schippern lässt: *Segelhafen Przystań Żeglugi Mazurskiej (am Boczne-See | zeglugamazurska.com.pl).* H4

INSIDER-TIPP
Plötzen und unerwartet

10 MIŁKI (MILKEN)

14 km/16 Min. per Auto ab Giżycko

In diesem Dorf an der Straße nach Orzysz steht *Masurens älteste Kirche,* ein gotisches Bauwerk, das um 1480

Wo der Wisent wohnt: In der Puszcza Borecka leben etwa 80 der großen Büffel

errichtet wurde. Den Altar (1688) schmückt ein großes Bild, das das letzte Abendmahl Jesu darstellt. Im Ersten Weltkrieg wurde die Kirche schwer beschädigt, dann aber nach den alten Plänen wieder aufgebaut.

Im 4 km entfernten, aber noch zu Miłki gehörenden *Folwark Stara Kuźnia (Przykop 1 | Tel. 87 4 21 10 86 | starakuznia.com.pl | €€)*, einer alten Schmiede mit großem Kamin und einfachen Holztischen, isst es sich in urigem Ambiente richtig gut. Und draußen sitzt du in ungestörter Natur mit Blick auf den großen Pferdestall. Spezialität ist *halaszlé*, die leicht scharfe ungarische Fischsuppe. Auf dem Weg zur Schmiede kommt man an einem imposanten Gutshaus aus dem 18. Jh. vorbei. *H4*

INSIDER-TIPP
Ein Gutshaus im Vorübergehen

11 WYDMINY (WIDMINNEN)

22 km/25 Min. per Auto ab Giżycko

Das Dorf hat keine architektonischen Perlen zu bieten, ist aber trotzdem ein super Ziel für Urlauber: Es gibt eine Handvoll Supermärkte, Restaurants, ein Eiscafé und vor allem einen sehr schönen See mit Promenade und Strand, an dessen südlichem Ende es liegt. Du kannst dort hervorragend baden und dir ein Kajak oder Tretboot ausleihen. Der Jezioro Wydmińskie geht nahtlos in weitere kleine Seen über, sodass du mühelos einen halben Tag lang in schönster Umgebung herumpaddeln kannst.

Einfaches, typisches und sehr leckeres polnisches Essen wird im Familienlokal *Bar Kuba (Mo–Fr 9–20, Sa/So 11–20 Uhr | ul. Składowa 3 | Tel. 87 4 21 01 02 | Facebook: Bar Kuba Wydminy | €)* aufgetischt. *J4*

12 PUSZCZA BORECKA (BORKENER HEIDE) ★

29 km/30 Min. per Auto ab Giżycko über die 63 bis Wolisko

Über das Dorf Kruklanki (Kruglanken) am Gołdapiwo-See kommt man in ein in Europa einzigartiges Waldgebiet, den Borkener Forst (Borkener Heide). Der 230 km² große Mischwald entwickelte sich über Jahrhunderte völlig urwüchsig, ohne menschliche Eingriffe. Der Forst liegt im sog. Buckligen Masuren *(Mazury Garbate)*. Der *Góra Lipowa* (Lindenberg), der *Góra Gęsia* (Räuberberg) und der *Diabla Góra* (Teufelsberg) sind immerhin alle über 200 m hoch. Dazwischen liegen tiefe Schluchten, fließen kleine Bäche, breiten sich Sümpfe oder kleine Strudelseen aus. Da durch die vier Naturreservate kein markierter Wanderweg führt, solltest du auf der geteerten Waldstraße bleiben und zum Beispiel mit dem Fahrrad von der *Försterei Wolisko (tgl. 9–15 Uhr)* aus eine Schleife durch den Urwald fahren oder einfach ein Handy mit Offline-Karte dabeihaben.

Andere Spaziergänger wirst du dort kaum treffen, eher schon Füchse und Hasen, Hirsche, Wildschweine und Elche und mit etwas Glück auch Dachse, Marder und sogar Wölfe. An den drei Waldseen, an denen man auf dem Weg von der Försterei Wolisko in die Dörfer Borki, Mazury und Szwalk vorbeikommt, leben die seltenen Schwarzstörche, See-, Schrei- und Fischadler. Man kann auch Boote ausleihen.

1956 wurden im Borkener Forst Wisente aus dem polnischen Białowieski-Nationalpark ausgesetzt. Inzwischen zählt die Herde ungefähr 80 Tiere. Du kannst sie auch in freier Wildbahn bei einer Wanderung beobachten – eine „Wisent-Garantie" gibt's aber nur im Gehege von *Wolisko (Zagroda Żubrów | Juni–15. Sept., tgl. 9–11 und 16–18 Uhr | Eintritt frei)*. Du erreichst es vom Parkplatz aus in wenigen Gehminuten, und es gibt sogar eine kleine Aussichtsterrasse.

Wenn du dieses Naturparadies ein paar Tage lang erkunden möchtest, solltest du dies von *Kruklanki* *(H3)* aus tun. Das im Sommer mit einigen Geschäften, Restaurants und einem großen Strand sehr lebhafte Dorf eignet sich sowohl für einen Zwischenstopp als auch für längere Aufenthalte ausgezeichnet. *H–K 2–3*

SZTYNORT (STEINORT)

(G2) **Wenn du per Segelboot oder Schiff auf dem Jezioro Sztynorckie (Steinorter See) Sztynort ansteuerst, hast du einen Premium-Blick vom See hinauf zum ★ *Schloss Steinort*, dem ehemaligen Wohnsitz der Grafen Lehndorff.**

Doch je näher du kommst, desto mehr erweist sich diese schöne Vorstellung als Trugbild. Neben den Wirtschaftsgebäuden, die von einem Jachtcharter-Unternehmen restauriert wurden, wirkt das einst so herrliche Schloss, das zu den schönsten Adelssitzen in Ostpreußen gehörte, umso baufälliger – noch. Der letzte deutsche Besitzer, Heinrich Graf von Lehndorff, war im Zweiten

Weltkrieg neben Graf von Stauffenberg eine führende Figur der Widerstandsbewegung und bereitete das Attentat auf Hitler mit vor. Nach dem Scheitern des Anschlags am 20. Juli 1944 in der 20 km entfernten Wolfsschanze wurde er hingerichtet.

Nach dem Krieg übernahm eine Kolchose das Anwesen, mit dem Zusammenbruch des Sozialismus war der Weg dann frei für Spekulanten: Das Schloss wechselte mehrfach den Besitzer und verfiel dabei immer mehr. Am Ende stand Steinort vor dem Zusammenbruch. Doch dann geschah das Wunder doch noch: 2009 erwarb die neu gegründete „Deutsch-Polnische Stiftung Kulturpflege und Denkmalschutz" das Schloss, drei Jahre später waren mehrere Millionen Złoty Spendengeld zusammen. Es war die buchstäbliche Rettung in letzter Sekunde: Der Nordwestflügel konnte nur mit modernster Technik wie dem Einsatz von Glasfaserankern vor dem Einsturz bewahrt werden. Gesichert ist der Bau inzwischen, mithilfe von EU-Geld wird an der denkmalgerechten Restaurierung geplant, polnische und deutsche Kunsthistoriker kämpfen um den Erhalt von möglichst viel Originalsubstanz – der prächtigen bemalten Saaldecken etwa. Noch ist der Weg weit bis zur kompletten Rettung dieses Juwels, aber es gibt Hoffnung.

Einen Besuch wert ist der Ort auch heute schon allemal. Du musst übrigens nicht zwingend den Wasserweg wählen, sondern kannst auch aus Giżycko oder Węgorzewo per Auto anreisen. Gleich gegenüber im Hafen gibt's die übliche Marina-Infrastruktur mit Restaurant, Imbissen, Eisdiele, Boutiquen und Souvenirläden – toller Seeblick inklusive, besonders schön bei Sonnenuntergang.

Sztynort: Das geschichtsträchtige Schloss Steinort soll vor dem Verfall bewahrt werden

SIGHTSEEING

SCHLOSSPARK

Man braucht schon Fantasie, um die alten Strukturen und Sichtachsen des englischen Landschaftsparks auszumachen, der Schloss Steinort säumte. Die Natur hat das Terrain zurückerobert, doch immer noch ist mehr zu entdecken, als es zunächst scheint. Ene Exkursion in die Dornröschen-Wildnis weckt das Gefühl, einer verlorenen Zeit auf der Spur zu sein. In alter Pracht erhalten blieb die 200 Jahre alte Eichenallee zur Straße nach Angerburg, eine der schönsten Alleen Masurens.

SIDER-TIPP **Baum an Baum**

ESSEN & TRINKEN

BABA PRUSKA

„Preußisches Weib" – so heißt dieses zum kleinen Hafen von Sztynort gehörende Lokal. Das klingt schon mal interessant. Und schmecken tut's auch – nicht nur, aber ganz besonders die Fischgerichte wie etwa der Zander. Sogar für Veganer ist was dabei. *Tgl. 8–22 Uhr | Sztynort 11 | Tel. 663 42 77 76 | €–€€*

RUND UM SZTYNORT

13 MAMERKI (MAUERWALD)

9 km/11 Min. per Auto ab Sztynort über Sztynort Mały und Kamionek Wielki bis zur Bunkerstadt

Tief im sogenannten Mauerwald versteckte sich während des Zweiten Weltkriegs das Hauptquartier des Oberkommandos des deutschen Heeres, am Ufer des Masurischen Kanals und nur 18 km östlich von der Wolfsschanze bei Kętrzyn (Rastenburg). Über 200 Bunker, Schuppen und Garagen verteilen sich im Wald zwischen dem Jezioro Mamry, dem Mauersee, und der Bahnstrecke Kętrzyn–Węgorzewo. Anders als die Wolfsschanze ist die Bunkerstadt der Wehrmacht beim Näherrücken der Front nicht gesprengt worden. Etwa 50 ha der Anlage sind zu besichtigen. Du kannst durch Bunker und einen niedrigen Tunnel laufen. Dazu gibt's Ausstellungen mit viel historischem Hintergrund und den Nachbau eines U-Boots. Der nach allen Seiten offene Aussichtsturm mit Metallgitter-Stufen ist eine echte Mutprobe! *Tgl. 9–19 Uhr | 25 Zł. | mamerki.com | (⊞ G2)*

WĘGORZEWO (ANGERBURG)

(⊞ G–H2) **Der Jezioro Mamry (Mauersee) ist so groß, dass hier nicht nur Wasserskiläufer über Schanzen preschen können. Windsurfer und Segler nutzen jede frische Brise, und Ausflugsschiffe kreuzen über den See, ohne dass es eng oder laut wird. In der Nähe dieses mit 104 km² Fläche zweitgrößten polnischen Sees liegt das 10 700-Seelen-Städtchen Węgorzewo.**

Spinnrad, Stoffe und Schaufensterpuppe im Museum der Volkskultur

In Angerburg beginnt die weite, herrliche Wasserstrecke über die Großen Masurischen Seen. Und der Hafen, in dem die Ausflugsschiffe ankern, hat sich hübsch herausgeputzt mit einer kleinen Promenade zum Flanieren.

In der Nähe von Węgorzewo liegt ein interessantes Naturschutzgebiet, die „Sieben Inseln". In Sumpf- und Moorgebieten, wild bewachsenem Brachland und Laubwäldern kann man hier mit dem Fernglas auf die Pirsch gehen und so seltene Vögel wie Nachtreiher beobachten, Fischadler und Schwarzstörche, aber auch Kraniche, Wildgänse und Kormorane. Seit einigen Jahren leben hier auch Tarpane, eurasische Wildpferde.

SIGHTSEEING

MUZEUM KULTURY LUDOWEJ

Schau zu und mach mit: Das Museum der Volkskultur ist über die Grenzen der Stadt hinaus bekannt, weil hier nicht nur das Kunsthandwerk der Gegend gesammelt und gezeigt, sondern die Volkskultur aktiv gepflegt wird. In der Museumswerkstatt guckst du Kunsthandwerkern beim Töpfern, Weben oder Schnitzen zu und kannst selbst deine Talente beweisen, falls vorhanden. Im Museumsladen gibt's hübsche landestypische Mitbringsel: bäuerlich-bunt bemalte Tonteller, Schnitzfiguren und einiges mehr. *Tgl. 9–17 Uhr | 18 Zł | ul. Portowa 1 | muzeum-wegorzewo.pl | 1 Std.*

INSIDER-TIPP Souvenirs, Souvenirs!

ORDENSBURG

Auf eine Burg würde man nicht unbedingt tippen bei diesem ockerfarbenen Dreiflügelbau am Młyński-Kanal. Zu oft wurde das älteste Gebäude Angerburgs in seiner 600-jährigen Geschichte umgebaut, zuletzt nach schweren Zerstörungen im Zweiten Weltkrieg. Zu besichtigen ist das alte Kreuzritternest des Deutschen Ordens derzeit leider nur von außen.

ESSEN & TRINKEN

KARCZMA

Eingerichtet wie eine alte Dorfkneipe – einfach, aber gemütlich. Auf der Karte findest du viel Fisch, aber auch Fleischgerichte und natürlich den polnischen Klassiker: Piroggen, süß und herzhaft.

So–Do 11–21, Fr/Sa 11–22 Uhr | ul. Zamkowa 10 | Tel. 512 86 67 33 | karczmawegorzewo.pl | €–€€

SPORT & SPASS

SCHIFFSAUSFLÜGE

Der kürzeste Schiffsausflug mit der Weißen Flotte auf dem Mauersee dauert etwa 1½ Stunden. Von Węgorzewo aus kannst du aber auch Tagesfahrten z. B. nach Giżycko unternehmen. *zeglugamazurska.com.pl*

SEGELCHARTER & HAFENKNEIPE KEJA

Węgorzewo hat sich in den letzten Jahren zu einem Wassersport- und Segelzentrum gemausert. Bei *Keja* am Jachthafen kannst du Segelboote chartern; es gibt auch günstige Schnuppertörns. Fahrräder und Kajaks stehen für wenig Geld zur Vermietung bereit. Zum Haus gehört eine beliebte, im maritimen Stil eingerichtete Kneipe. *ul. Braci Ejsmontow 2 | Tel. 87 4 27 18 34 | keja.com.pl*

RUND UM WĘGORZEWO

14 SEILPARK LEŚNIEWO

12,5 km/12 Min. per Auto ab Węgorzewo

Da hatte jemand eine richtig coole Idee. Der Masuren-Ostsee-Kanal der Nazis wurde nie fertig. Einige Bauelemente wie die riesige Schleuse von Leśniewo sind aber bis heute erhalten. Also einfach mal einen Seil- und Kletterpark hingebaut, und zwar direkt über die Anlage! Schauriger Blick in die Tiefe inklusive. *Park Linowy Leśniewo | śluza Leśniewo Górne | Mitte Juni–Aug. tgl. 11–19 Uhr | 5 Zł. zzgl. 10–100 Zł. für einzelne Attraktionen | Facebook: lesniewo park linowy |* *G2*

15 POZEZDRZE (GROSSGARTEN)

11,5 km/12 Min. per Auto ab Węgorzewo

Mancherorts in Masuren wimmelt es nur so von Bunkern und Wehranlagen aus den beiden Weltkriegen. Südlich von Węgorzewo abseits der Straße nach Giżycko stößt du zum Beispiel auf die sogenannte *Schwarzschanze (Czarny Szaniec)*, die Feldkommandostelle des Reichsführers der SS, Heinrich Himmler. Auch diese neun Bunker versuchten die Deutschen beim Näherrücken der Roten Armee zu sprengen. Dies gelang nur unvollständig, und so sind die Betongespenster bis heute zu beäugen. Eine Broschüre und einen Plan der Bunker erhält man an der Wolfsschanze. *H2*

SCHÖNER SCHLAFEN IN RYN

MASURISCHES BAUERNHAUS

Krystyna Dickti, eine der wenigen verbliebenen echten Masurinnen, betreibt im Dorf Sądry (s. S. 79) bei Ryn eine kleine Pension mit 20 gemütlichen Zimmern und üppiger Verpflegung mit deftiger masurisch-ostpreußischer Hausmannskost. *Sądry 3 (an der Straße 59) | Tel. 89 7 42 36 11 | christel.com.pl*

DER OSTEN

SIBIRISCH UND URWALDHAFT

Himmlische Ruhe und viel Natur: In Mazury Garbate, dem „Buckligen Masuren", breitet sich vor dir ein sanftes Land von stiller Schönheit aus. Nur ein klein wenig abseits der großen masurischen Seen liegen die Städte Ełk (Lyck), Gołdap (Goldap) und Olecko (Treuburg).

Von hier aus ist es nur ein Katzensprung nach Russland, in den Bezirk Kaliningrad, nach Litauen und auch nach Weißrussland. Hier beginnt das „sibirische Polen", wie man die Gegend mit den kalten

Passt gut ins Grün: das pastellrosa Kloster Wigry am Jezioro Wigry

und langen Wintern auch nennt. Der Osten Masurens ist wie geschaffen, wenn du dem Trubel für eine Weile entfliehen willst. Von der Hektik der Urlauberzentren ist hier nichts zu spüren, stattdessen gibt's wildromantische und abgelegene Naturparadiese: Gleich hinter Gołdap beginnt die Rominter Heide, Ostpreußens legendärer Königsforst und einer der letzten Urwälder Europas.

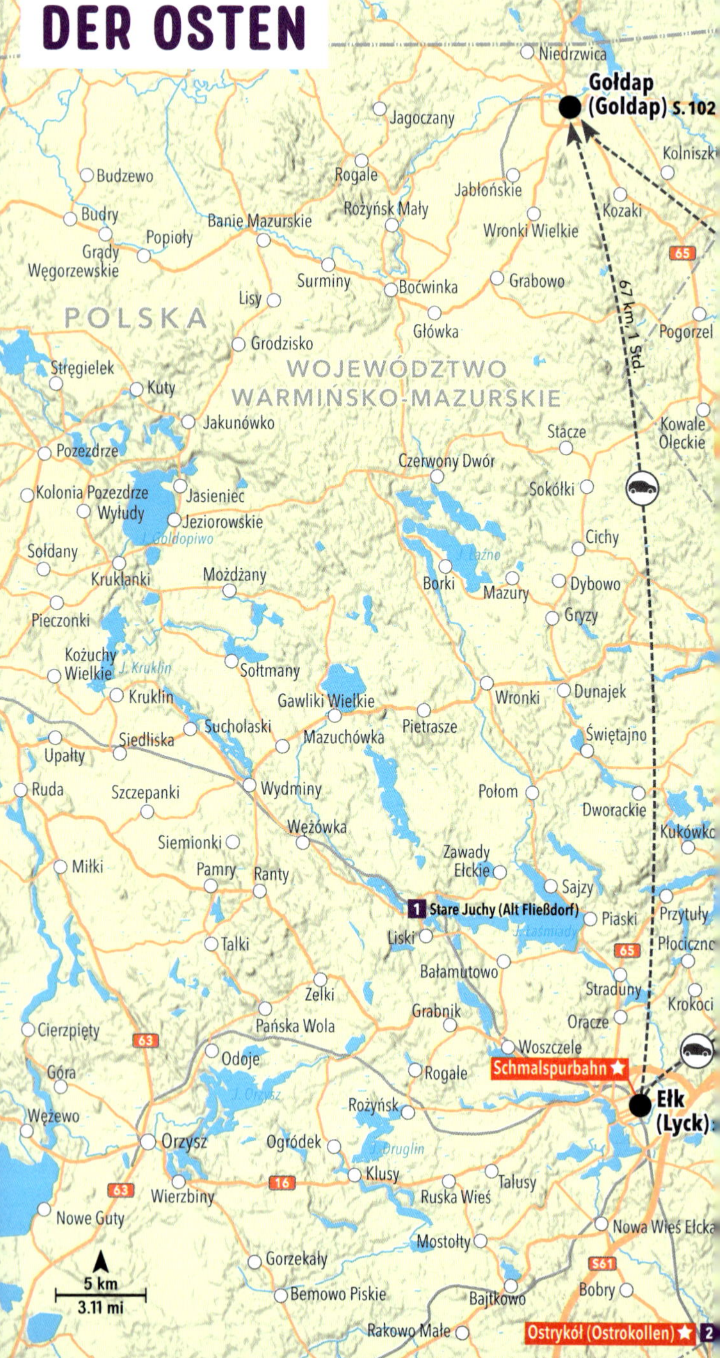

DER OSTEN
ROSSIJA
POLSKA
WOJEWÓDZTWO WARMIŃSKO-MAZURSKIE
Gołdap (Goldap) S. 102
67 km, 1 Std.
1 Stare Juchy (Alt Fließdorf)
Schmalspurbahn
Ełk (Lyck)
Ostrykół (Ostrokollen) 2
Niedrzwica
Jagoczany
Kolniszki
Budzewo
Rogale
Jabłońskie
Kozaki
Budry
Banie Mazurskie
Rożyńsk Mały
Wronki Wielkie
Popioły
Grądy Węgorzewskie
Surminy
Boćwinka
Grabowo
Lisy
Główka
Pogorzel
Grodzisko
Stręgielek
Kuty
Jakunówko
Stacze
Kowale Oleckie
Pozezdrze
Czerwony Dwór
Kolonia Pozezdrze
Jasieniec
Sokółki
Wyłudy
Jeziorowskie
J. Gołdopiwo
Cichy
Sołdany
J. Łaźno
Kruklanki
Możdżany
Borki
Mazury
Dybowo
Pieczonki
Gryzy
Kożuchy Wielkie
J. Kruklin
Sołtmany
Kruklin
Gawliki Wielkie
Wronki
Dunajek
Sucholaski
Pietrasze
Upałty
Siedliska
Mazuchówka
Świętajno
Ruda
Szczepanki
Wydminy
Połom
Dworackie
Wężówka
Kukówko
Siemionki
Zawady Ełckie
Miłki
Pamry
Ranty
Sajzy
Przytuły
Piaski
Liski
J. Łaśmiady
Płociczno
Talki
Bałamutowo
Straduny
Zelki
Krokoci
Grabnik
Cierzpięty
Pańska Wola
Oracze
Odoje
Woszczele
Góra
Rogale
J. Orzysz
Rożyńsk
Wężewo
Orzysz
Ogródek
J. Druglin
Klusy
Talusy
Wierzbiny
Ruska Wieś
Nowe Guty
Nowa Wieś Ełcka
Mostołty
Gorzekały
5 km
3.11 mi
Bemowo Piskie
Bajtkowo
Bobry
Rakowo Małe
65
63
16
S61

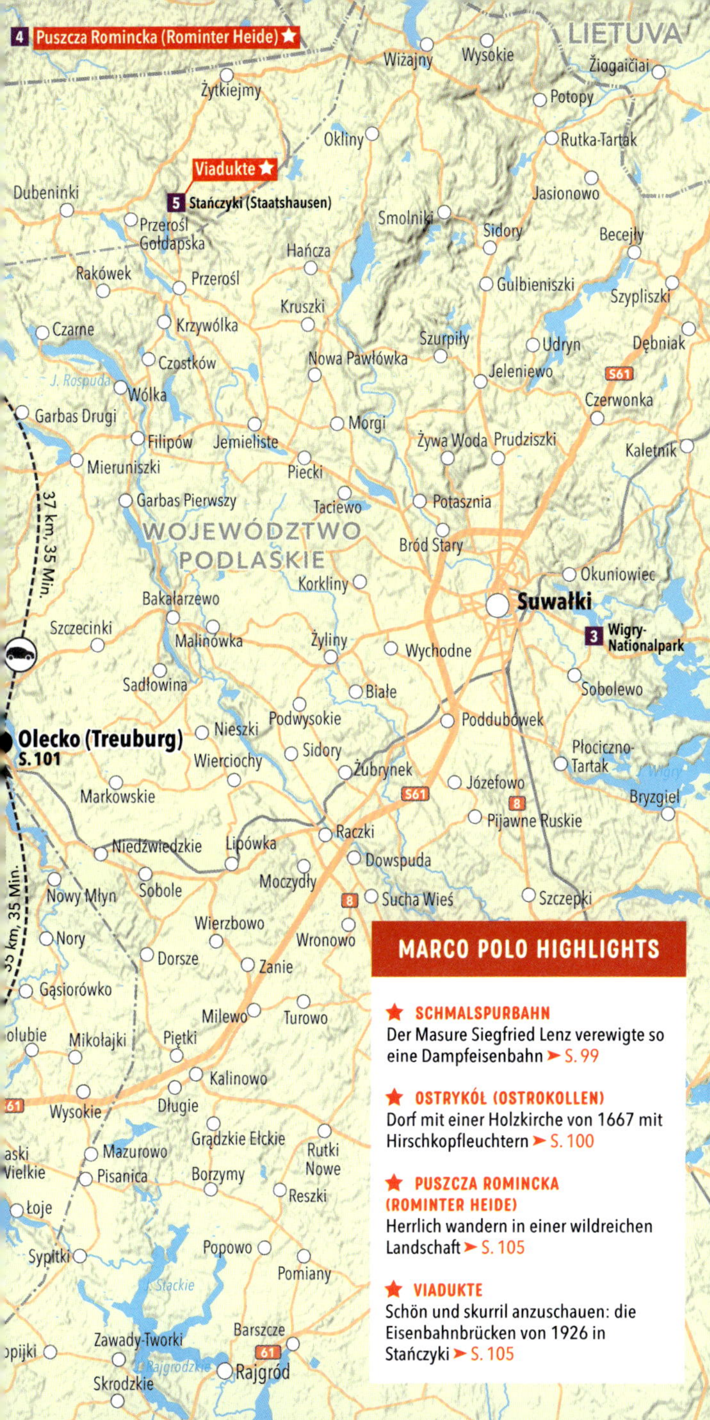

MARCO POLO HIGHLIGHTS

★ **SCHMALSPURBAHN**
Der Masure Siegfried Lenz verewigte so eine Dampfeisenbahn ➤ S. 99

★ **OSTRYKÓŁ (OSTROKOLLEN)**
Dorf mit einer Holzkirche von 1667 mit Hirschkopfleuchtern ➤ S. 100

★ **PUSZCZA ROMINCKA (ROMINTER HEIDE)**
Herrlich wandern in einer wildreichen Landschaft ➤ S. 105

★ **VIADUKTE**
Schön und skurril anzuschauen: die Eisenbahnbrücken von 1926 in Stańczyki ➤ S. 105

EŁK (LYCK)

(◫ K–L5) **Lyck war einmal das Zentrum des polnischsprachigen Masuren – hier wurde 1842 die erste masurische Zeitung gedruckt. Dann kam der Zweite Weltkrieg, und die** bung prägen kleine und große Seen ein noch recht ursprüngliches Landschaftsbild; mitten im Ort breitet sich der Jezioro Ełkie (Ełk-See) aus. Auf der kilometerlangen Uferpromenade tummeln sich im Sommer Urlauber und Einheimische und stehen gemeinsam an den Eisdielen Schlange.

Baden zwischen Schilf und Seerosen in der traumhaft schönen Landschaft am Ełk-See

Lage an der damaligen deutsch-polnischen Grenze erwies sich für das Städtchen als verhängnisvoll: Es wurde fast vollständig zerstört. Bedeutende historische Baudenkmäler gibt es entsprechend nicht zu bewundern, vom historischen Ortskern hat sich aber doch einiges erhalten. Mit 60 100 Einwohnern wirkt Ełk fast schon großstädtisch. In der Umge-

Und dann ist da noch die Geschichte von einer „Kleinbahn namens Popp“: In Lyck kam 1926 der Schriftsteller Siegfried Lenz („Deutschstunde“) als Sohn eines Zollbeamten zur Welt. Er hat dem Vorkriegsleben der „Leutchen“ in seiner Heimat mit nostalgisch-skurrilen Erzählungen ein literarisches Denkmal gesetzt, am schönsten in „So zärtlich war Suleyken“.

SIGHTSEEING

WASSERTURM

Der über 100 Jahre alte Wasserturm von Ełk ist einer der besterhaltenen Türme Masurens. Wer sich die 33 m nach oben zur Aussichtsplattform im fünften Stock bemüht, wird mit einer tollen Aussicht belohnt. Zudem gibt's noch ein kleines *Museum,* in dem alle Exponate mit dem Thema Wasser in Verbindung stehen, z. B. historische Feuerwehrausstattung wie Pumpen und Schläuche. An den Wänden hängen Fotografien von Ełk aus der Zeit um 1900. Achte auch auf Aushänge:

INSIDER-TIPP
Talk im Turm

Das kleine *Café* im Turm ist ein häufiger Treffpunkt der deutschen Minderheit mit Lesungen und Gesprächen. *Juni–Aug. tgl. 10–16, sonst Di, Fr 10–12 Uhr | Eintritt frei, Spende erbeten | ul. 11 Listopada*

BURGINSEL

Auf einer kleinen Insel im Ełk-See, von der Altstadt über eine Brücke erreichbar, verrät eine Burgruine die mittelalterlichen Wurzeln der Stadt. Als die Mönchsritter des Deutschen Ordens das „feste Hus" 1398 gründeten, lag Lyck noch am Rand der urwaldhaften „Großen Wildnis", regelmäßig belagert von den Galindern, den pruzzischen Ureinwohnern der Gegend. Deren Geschichte nahm leider kein gutes Ende: Die Ritter siegten, die Pruzzen gingen unter, die Burg verlor an Bedeutung und verfiel. Im 19. Jh. machte man ein Gefängnis draus, das immerhin bis 1976 in Betrieb blieb. Seither steht Ełks „Alcatraz" leer und soll mal ein Museum werden. Bis die Pläne verwirklicht sind, lohnt ein Spaziergang auf der Burginsel allein schon wegen des schönen Blicks auf die Stadt.

SCHMALSPURBAHN ★

Wenn die schnaubende kleine Dampflok gemächlich durch die sanfte Wald- und Wiesenlandschaft zuckelt, fühlt man sich glatt in eine der Erzählungen von Siegfried Lenz zurückversetzt. Auf der 1910–17 gebauten Strecke (75 cm Spurweite) erreichte man innerhalb von einer Stunde *Zawady (Sawaden)* im Südosten von Ełk oder in zwei Stunden *Turowo (Thurowen)* im Nordwesten. Leider wurde der Betrieb des Bähnchens im Rahmen von Sparmaßnahmen ziemlich eingedampft, der *Ełka Kolej Wąskatorowa* genannte Zug fährt heute nur noch 30 km bis in das Dörfchen *Sypitki (Mai/Juni alle 2–3 Tage, Juli/Aug. fast tgl., Sept. an 3 Samstagen).* Gruppen können auch Sonderfahrten bestellen, auf Wunsch spannen die Eisenbahner eine der alten Dampfloks vor.

INSIDER-TIPP
Schmalspur-Picknick

Wer sich Proviant mitbringt, kann in Sypitki ein schönes Picknick am See machen, sogar eine Feuerstelle ist vorbereitet.

Das 1918 erbaute Betriebswerk des Bahnhofs Ełk fungierte als kleines Freilichtmuseum, in dem vier alte Dampflokomotiven auf Schmalspurfans warteten. Aktuell ist es aber nur von außen zu besichtigen. *Informationen, aktueller Fahrplan und Tickets: Ełka Kolej Wąskatorowa | ul. Wąski Tor 1 | muzeum.elk.pl*

ESSEN & TRINKEN

RESTAURACJA MAŁA

Kleines, feines Restaurant, an den Wänden hängt ambitionierte Kunstfotografie. Es gibt köstliche Fleischgerichte und Piroggen; abends Pub mit Musik. *Tgl. 11–21 Uhr | ul. Wojska Polskiego 72 a | Tel. 87 6 10 80 05 | restauracjamala.pl | €€*

SMĘTEK

Rustikaler Pub am See, zu dem auch ein Sommerlokal auf einem Marina-Steg gegenüber gehört – hier gibt's gegrillten Fisch und einen Bootsverleih. Spezialität sind Biere aus kleinen Brauereien der Region und aus Litauen. *Tgl. 11–24 Uhr | ul. Pułaskiego 19 | Tel. 87 6 21 14 53 | smetek.pl | €€*

SPORT & SPASS

MOSIR – PARK WODNY

Wenn die Seen noch oder schon zu kalt sind oder der Nachwuchs Abwechslung will: Großes Schwimm- und Spaßbad mit Fitnessclub, Solarium, Aqua-Aerobic und Jacuzzi. *ul. Piłsudskiego 29 | Mo–Fr 6–22, Sa/So ab 10 Uhr | 12–17 Zł./Std. | mosir.elk.pl*

RUND UM EŁK

1 STARE JUCHY (ALT FLIESSDORF)

21 km/25 Min. per Auto ab Ełk

In Stare Juchy liegt bis heute ein eiszeitlicher Findling, der in grauer Vorzeit den Ureinwohnern Masurens als Opferstätte diente. Selbst im 16. Jh. sollen hier noch Nachfahren der pruzzischen Sudauer kultische Feste mit Tieropfern gefeiert haben. Um diesen heidnischen Bräuchen entgegenzuwirken, wurde 1585 in Sichtweite des Opferplatzes ein christliches Gotteshaus errichtet, die barocke Dreifaltigkeitskirche. Schau dir besonders ihre original erhaltenen Deckenmalereien genauer an.

Stare Juchy liegt nett eingebettet in eine kleine Seenlandschaft. Unterwegs auf den kleinen Landstraßen von Ełk hierher genießt man immer wieder tolle Ausblicke aufs Wasser. Das Dorf ist übrigens regional bekannt dafür, dass viele Einwohner in Island ihr (gutes) Geld verdienen oder verdient haben. Was man an den recht anständigen Häusern und den gepflegten Straßen auch bestens erkennen kann. J–K4

2 OSTRYKÓŁ (OSTROKOLLEN) ★

22 km/25 Min. per Auto ab Ełk

Im Dorf Ostrykół ist eine historische *Holzkirche* von 1667 samt ihrer altertümlichen Innenausstattung sehenswert – vor allem der Taufengel und die Hirschkopfleuchter aus dem 18. Jh. Die Kirche wurde auf einem Feldsteinsockel erbaut und innen und außen mit Brettern verschalt. Sie überstand die Kriegswirren unbeschadet, litt aber unter dem Zahn der Zeit. Nach der Renovierung 1990 geht's ihr wieder deutlich besser. Sie ist etwas ganz Besonderes, denn außer ihr gibt es nur noch eine weitere Holzkirche in Masuren, im Dörfchen Wieliczki südöstlich von Olecko. L6

Das Blau und Gold von Altar und Kanzel passt gut zur Holztäfelung der Kirche von Ostrykół

OLECKO (TREUBURG)

(🕮 L3) **Das 15 800-Ew.-Städtchen im Nordosten Masurens zieht jeden Juli Rockfans und -bands aus ganz Polen an: „Haltestelle Olecko" heißt das Festival, das den beschaulichen Ort für drei Tage in einen Ausnahmezustand versetzt.**

Wem der Rummel zu viel wird, der kann in den nahen *Wigry-Nationalpark* flüchten. Olecko liegt idyllisch am gleichnamigen See, um den ein schöner Wanderweg führt, in drei Stunden hat man den Jezioro Olecko umrundet. Hier im „Buckligen Masuren" wechseln sich sanft geschwungene Hügel mit Tälern und hübsch gelegenen Dörfern ab. In der Stadt an der einstigen polnisch-masurischen Grenze hat der Krieg schlimm gewütet, viel Sehenswertes blieb nicht erhalten. Erstaunlich ist aber nach wie vor der 7 ha große Marktplatz, er war mal der größte ganz Preußens. Am See steht noch die nostalgische wilhelminische Badeanstalt.

ESSEN & TRINKEN

STREFA SMAKU

Wirkt von außen etwas schlicht und liegt im Untergeschoss, hat aber durchaus seine Qualitäten: Du bekommst hier solide Hausmannskost, lecker zubereitet, zu noch immer recht günstigen Preisen – und der See ist nicht weit. *Mo–Fr 11–16 Uhr, | pl. Zamkowy 7 | Tel. 724 81 11 42 |* €

RUND UM OLECKO

3 WIGRY-NATIONALPARK

47 km/47 Min. per Auto ab Olecko bis Stary Folwark

Eingeschmiegt in riesige, einsame und kaum bewohnte Wälder schlängelt sich der Wigry-See in immer neuen Windungen durch die Landschaft. Biber bauen dort in besonders großer Zahl ihre Dämme. Mach unbedingt eine Tagestour per Kajak, z.B. vom Dorf *Stary Folwark* mit Zeltplatz und Strand. Spätestens nach dem tausendsten Paddelschlag stellt es sich ein, dieses Zen-Gefühl. Und auch wandern kannst du auf ausgeschilderten Wegen. Die Nationalparkverwaltung hat ihren Sitz im Dorf Krzywe (Krzywen). *wigry.org.pl* | *O2–3*

GOŁDAP (GOLDAP)

(K1) **Nur 4 km sind es von Gołdap zur russischen Grenze – genauer gesagt in die russische Exklave Kaliningrad. Viele Jahre war das nicht gerade die beste Voraussetzung für Fortschritt und Wohlstand.**

Man steckte im äußersten Winkel Polens fest, mit dem Rücken zu einer geschlossenen Grenze. Erst 1993 wurde in Gusiew ein Grenzübergang eingerichtet, über den man mit russischem Visum ins Kaliningrader Gebiet einreisen konnte. Auch ein kleiner Grenzverkehr für Bewohner der anliegenden Gemeinden auf beiden Seiten wurde eingeführt. Die Öffnung hatte der 13 300-Ew.-Stadt gutgetan und für mehr Leben gesorgt. Damit ist es nun leider wieder vorbei: Aufgrund der politischen Lage ist der Grenzübergang bis auf Weiteres geschlossen.

Gołdap liegt für masurische Verhältnisse in einem Bergland. Südlich der Stadt zieht sich die Moränenkette der *Szeskie Wzgórza* hin, die Seesker Höhen, die immer wieder schöne Fernsichten auf die hübsche Hügellandschaft bieten bis hinüber zum sagenumwobenen Urwald der Rominter Heide. Was man in der Abgeschiedenheit nicht erwartet: Gołdap ist Masurens einziger staatlich anerkannter Kurort. Die Luft gilt, amtlich gemessen, als die sauberste in Polen. Was man allerdings lieber nicht im Winter testen sollte, wenn in Polen auch heute noch alles Mögliche aus den Schornsteinen kommt.

SIGHTSEEING

WASSERTURM

Über 100 Jahre ragt er schon in den Goldaper Himmel und brauchte dringend eine Renovierung. Umso schöner ist jetzt der Blick von der Panoramaterrasse auf 46 m Höhe. Oben gibt's auch ein *Drehcafé*. Und für Lauffaule einen Aufzug. Nimm auf dem Weg hinunter aber lieber die Treppe: Auf jeder Etage hängen historische Fotografien und Karten von Goldap. *Juli/Aug. tgl.*

INSIDER-TIPP
Stairway to History

10–20, Mai und Sept. 10–18 Uhr (Turm und Café) | 15 Zł. | ul. Paderewskiego 35 | wieza-goldap.pl (mit virtuellem Blick vom Turm)

GRADIERWERK

Klingt nicht sexy, ist aber ein richtig netter Ort. Gradierwerke (polnisch: *tężnie solankowe*) sind Anlagen zur Salzgewinnung aus hohen Holzgerüsten, die mit Reisigbündeln ausgefüllt sind. Die Verunreinigungen lagern sich im Gestrüpp ab, und übrig bleibt blitzsauberes Salz zum Essen, aber eben auch zum Einatmen. Und genau deswegen ist es eine sehr beliebte Einrichtung in Kurorten. So kannst du auch in Gołdap durch diese Konstruktion langsam hin- und herschreiten, tiefe Atemzüge nehmen und nachher feststellen, dass deine Lunge schon lange nicht mehr so frei war. Direkt gegenüber gibt's als Bonus noch ein kleines *Kurzentrum* mit einem Heilwasserbrunnen. Wenig überraschend, dass um die Ecke auch einige Sanatorien betrieben werden und dass die Straße „Gesundheitspromenade" heißt. Die Anlage ist und um die Uhr zugänglich. *Mazurskie Tężnie Solankowe i Pijalnia Wód | promenada Zdrojowa 20*

ESSEN & TRINKEN

RESTAURACJA MATRIOSZKA

Wenn man schon mal direkt an der Grenze zu Russland ist (bzw. zur russischen Enklave Kaliningrad), warum dann nicht in einem russisch angehauchten Lokal satt werden? Klassi-

Wo Mücken schwirren und Hechte stehen: alte Kähne auf dem Wigry-See

Da läuft einem das Wasser im Mund zusammen: Piroggen frisch aus der Pfanne

sche polnische Küche gibt es aber auch. Drinnen geht es bäuerlich-gemütlich zu mit Kamin und netter Bedienung. Alles wird frisch zubereitet, darum sind die Wartezeiten auch etwas länger. Die Piroggen sind klasse, aber auch z. B. der Reibekuchen mit Kaviar und Lachs. *So–Do 11–21, Fr/Sa 11–22 Uhr | ul. Partyzantów 27A | Tel. 87 5 20 00 11 | Facebook: Matrioszka Goldap | €–€€*

KOŁACZOWE FANTAZJE

Wie süß! Der fantasievolle Name des Cafés bezieht sich auf die in Polen sehr beliebten, ungarischen Kürtőskalács, auf Deutsch als Baumstriezel bekannt. Du bekommst sie auch in Hörnchenform mit Eiscreme oder Sahne gefüllt, und mit unterschiedlichen fantasievollen (!) Toppings. *Tgl. 10–18 Uhr | pl. Zwycięstwa 9 | Tel. 668 93 60 70 | €*

SPORT & SPASS

PIĘKNA GÓRA (SCHÖNER BERG)

Dieser Mann hatte Pläne: In den 1990er-Jahren kaufte Tadeusz Rudziewicz ödes Brachland aufgelöster Staatsgüter, renaturierte es und flutete mittendrin ein ganzes Tal. Heute ist dies einer der fischreichsten Seen Nordmasurens. Rudziewicz setzte Hirsche und Mufflons aus und gründete einen Wildpark, in dem man auf Fotosafari gehen kann. Ein Gasthaus kam hinzu, ein Hochseilgarten mit einem 500 m langen Parcours und fünf Skilifte zum *Piękna Góra* für den Wintersport. Das daraus gewachsene Sport- und Erholungszentrum *Zum Schönen Berg* bietet auch ein umfangreiches Ausflugsprogramm. Eine der Attraktionen ist ein in Masuren einzigartiges *Drehcafé* auf fast 300 m Höhe:

In knapp 50 Minuten hast du bei einem Getränk eine komplette 360-Grad-Panoramarunde geschafft. *Zajazd Piękna Góra | Konikowo 11 | Tel. 87 6 15 49 43 | zajazd-rudziewicz.pl*

RUND UM GOŁDAP

4 PUSZCZA ROMINCKA (ROMINTER HEIDE) ★

Die Heide beginnt am Stadtrand

Östlich von Gołdap liegt die legendäre Rominter Heide, jahrhundertelang Jagdrevier der preußischen Könige und bis heute einer der letzten Urwälder Europas. Seit 1945 zerschneidet die polnisch-russische Grenze das riesige Forstgebiet, der größere Teil der Rominter Heide liegt auf Kaliningrader (Königsberger) Gebiet. Im polnischen Teil gibt es mehrere (grün markierte) Wanderwege.

Von Gołdap in Richtung Stańczyki kannst du den *Kaisersteinen* folgen – kleinen Findlingen, auf denen beispielsweise verewigt steht, wo der jagdbesessene Kaiser Wilhelm II. anno 1912 seinen 2000. Rothirsch zur Strecke brachte und wo ihm 1904 die „Erlegung eines kapitalen 28-Enders" gelang. Heute werden die imposanten Tiere im Landschaftspark Puszcza Rominicka nicht mehr erlegt, sondern nur noch beobachtet, ebenso wie Luchse, Wölfe, Uhus, die seltenen Schelladler und jene Füchse und Hasen, die sich in solchen Gegenden gute Nacht sagen. *K–M1*

5 STAŃCZYKI (STAATSHAUSEN)

27 km/30 Min. per Auto ab Gołdap

Eine echte und dazu noch riesige Kuriosität sind die römisch aussehenden ★ *Viadukte* über das Flüsschen Błędzianka (Blinde). Baubeginn war 1910. Ungewöhnlich sind für jene Zeit nicht nur die Höhe (42 m) und die Länge (182 m), sondern auch die Bautechnik. Die acht Pfeiler der nebeneinander stehenden Brücken wurden aus sogenanntem Holzbeton gegossen: In den Pfeilern stecken zur Stärkung und Stabilisierung des Bauwerks massive Baumstämme. Dennoch wurde 1927 nur eine der beiden Brücken in Betrieb genommen. Von den Viadukten aus genießt man herrliche Panoramablicke auf die Rominter Heide. *M1*

SCHÖNER SCHLAFEN AM UŁÓWKI-SEE

SEENSUCHT NACH RUHE

Rund um Stare Juchy sind eine Menge wunderschöner Seen verteilt. Direkt am Jezioro Ułówki mit Motorbootverbot liegt im Dorf Gorło die *Villa Szara Sowa* (Graue Eule). Wasserblick gehört zu jedem Zimmer, und zum Frühstück werden Produkte aus dem eigenen Garten gereicht. Die Besitzer betreuen dich liebevoll und sprechen super Englisch. Ein Ruderboot und (etwas alte) Fahrräder kann man kostenlos nutzen, und einen kleinen Strand gibt's auch. *3 Zi., 2 Apt. | Gorło 5B | K4 | Tel. 501 37 22 93 | szarasowa.com | €€*

ERLEBNIS TOUREN

Lust, die Besonderheiten der Region zu entdecken? Dann sind die Erlebnistouren genau das Richtige für dich! Ganz einfach wird es mit der MARCO POLO Touren-App: Die Tour über den QR-Code aufs Smartphone laden – und auch offline die perfekte Orientierung haben.

1 DIE MASURISCHEN SEEN IM ÜBERBLICK

- Sich gemütlich staken lassen
- Altmasurisch schlemmen
- Auf große Seerundfahrt gehen

Olsztyn

Mikołajki

490 km

10 Tage, reine Fahrzeit 17 Stunden

Kosten: pro Person 750 Euro für Benzin, Übernachtung, Verpflegung, Eintritte, Bootstouren, Kutsche, Kleinbahn. Kahnfahrt zum Mokre-See bei *Perkun (masuren-perkun.de).* Der Segeltörn auf dem Darginsee ist wetterabhängig. Auf dem Niedersee möglichst nah am Ufer paddeln!

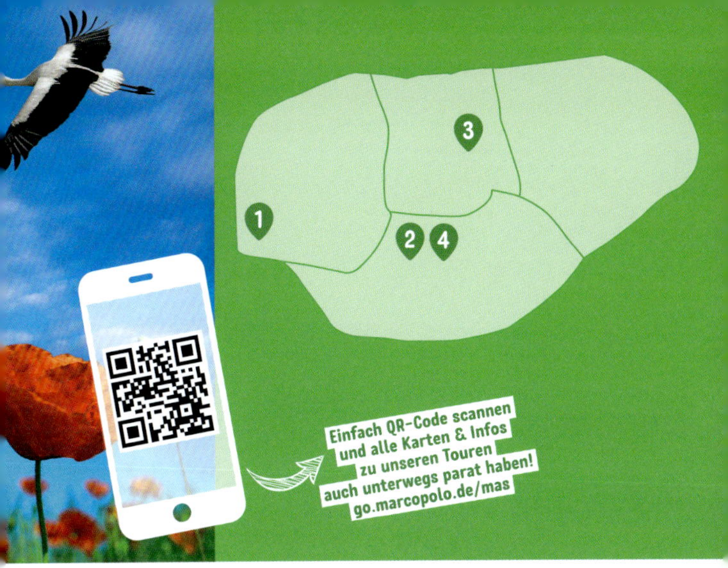

1
2
3
4
Einfach QR-Code scannen und alle Karten & Infos zu unseren Touren auch unterwegs parat haben!
go.marcopolo.de/mas

Typische Vertreter von Masurens Fauna und Flora: Weißstorch und Mohn

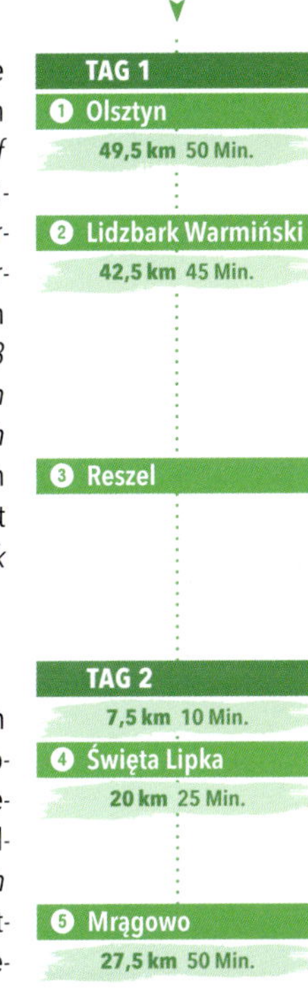

EIN TAG, ZWEI BURGEN

Ausgangsort für diese große Masuren-Runde ist die Provinzhauptstadt ❶ **Olsztyn** ➤ S. 42. Nach einem Bummel durch die schmucke **Altstadt** startest du *auf der Regionalstraße 51 in Richtung Norden.* Nach einer Stunde ist ❷ **Lidzbark Warmiński** ➤ S. 47 erreicht, wo du im größten **Kastell** des früheren Ordensritterlands geheimnisvolle russische Ikonen bestaunst. *Von Lidzbark führt nun die Chaussee 513* durch Weiler und Dörfchen *über Wozławki (abbiegen auf die 57) und Bisztynek (links ab auf die 594) nach* ❸ **Reszel** ➤ S. 48, deinem ersten Tagesziel. Noch eine **Festung**. Und was für eine! Du übernachtest sogar drin und lässt im **Bischofsburgcafé** *(zamek reszel.com)* den Tag ausklingen.

TAG 1
❶ **Olsztyn**
49,5 km 50 Min.
❷ **Lidzbark Warmiński**
42,5 km 45 Min.
❸ **Reszel**

WEITER INS „LAND OHNE EILE"

Der nächste Morgen bringt dich nach kurzer Fahrt nach ❹ **Święta Lipka** ➤ S. 48, einem der großen Orte katholischer Marienverehrung in Polen. Lass dich in der berühmten **Basilika** von einem der stündlichen Orgelkonzerte verzaubern! *Dann führt die Tour südwärts nach* ❺ **Mrągowo** ➤ S. 76. Beim Bummel durch das Städtchen kommt Masurenfreude auf: Fünf Seen umschlie-

TAG 2
7,5 km 10 Min.
❹ **Święta Lipka**
20 km 25 Min.
❺ **Mrągowo**
27,5 km 50 Min.

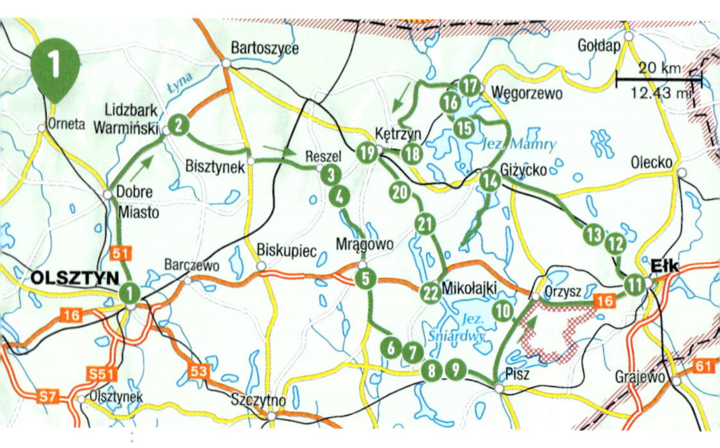

ßen das alte Sensburg. Im Restaurant **Stara Chata ➤ S. 77** gibt's polnische Hausmannskost, das **Café Molo** am Czos-See hat das leckererste Eis weit und breit. Hinter Mrągowo wird es grün, das „Land der dunklen Wälder" beginnt. *Du fährst auf der 59 bis Piecki, dort links auf die 610, nach 10 km zweigt rechts die Zufahrt nach* **❻ Krutyń ➤ S. 67** *ab.* Einchecken in der gastfreundlichen **Pension Habenda** *(habenda.com)* und für den Rest das Tages: entspannen, genießen, Masuren. Willkommen im Land ohne Eile …

❻ Krutyń

AB AUFS WASSER!

TAG 3–4

16 km 20 Min.

Das Dörfchen ist für seine Kahnpartien auf dem Fluss Krutynia berühmt, lass dich am nächsten Morgen zum **Mokre-See** staken, einem Vogelparadies. Großes Kino! Dann geht's weiter, zunächst nach **❼ Gałkowo ➤ S. 69**, einem Dorf, das sich viel Ursprünglichkeit bewahrt hat. Einkehren im urigen **Restaurant** von Aleksander Potocki: Die Küche ist erstklassig. Anschließend im **Gestüt Ferenstein ➤ S. 69** eine Kutschfahrt buchen durch die anmutige Umgebung, vorbei am kleinen **Friedhof** der russischen Altgläubigen, der Philipponen. Es ist nun nicht mehr weit bis ins südliche Urlaubszentrum Masurens: **❽ Ruciane-Nida ➤ S. 63**. Hier nimmst du für zwei Nächte Quartier im **Hotel Nidzki** *(hotelnidzki.pl)*, malerisch gelegen am **Niedersee ➤ S. 64**, den du am nächsten Tag mit einem Kanu

❼ Gałkowo

10 km 25 Min.

❽ Ruciane-Nida

aus dem hauseigenen Verleih erkundest. Abends gibt's dann das Kontrastprogramm: ab auf die Kneipenmeile längs der Ulica Dworcowa!

ERST BADEN, DANN BAHNFAHREN

Östlich von Ruciane wird es still. *Du durchquerst zunächst auf der Landstraße 58 ein Stück der* ⑨ Johannisburger Heide ➤ S. 63 – das riesige Waldgebiet ist ein Lieblingsziel von Wanderern und ergiebiges Pilzrevier. Hinter Pisz ➤ S. 61 öffnet sich die Landschaft, die Fahrt führt *auf der 63 nordostwärts.* Badewetter? *Am Abzweig nach* ⑩ Nowe Guty *links*, kurz darauf liegt der Spirdingsee ➤ S. 58 vor dir, das „masurische Meer" – mit einem der schönsten Badestrände der Seenplatte! *Zurück auf der 63, biegst du in Orzysz rechts auf die 16*, die Landschaft wird literarisch: In diesen Dörfchen hier spielten die Geschichten aus „So zärtlich war Suleyken", es geht zum östlichsten Punkt der Reise, nach ⑪ Ełk ➤ S. 98, der Heimat von Siegfried Lenz. Noch immer schnauft „eine Kleinbahn namens Popp" durch die Gegend. Du quartierst dich für zwei Nächte im Horeka *(hotelhoreka.pl)* am Seeufer ein und gönnst dir am nächsten Tag eine Fahrt mit dem Bummelzug.

TAG 5-6
8,5 km 5 Min.
⑨ Johannisburger Heide
29 km 35 Min.
⑩ Nowe Guty
40 km 40 Min.
⑪ Ełk

EINE SEEFAHRT, DIE IST LUSTIG

Dein heutiges Ziel ist Giżycko, Masurens Sommerhauptstadt. *Nimm die Nebenstrecke (in Woszele von der 656 rechts ab)* über die Halbinsel im Laśmiady-See mit dem wunderbaren Hotelrestaurant ⑫ Siedlisko Morena *(tgl. | siedliskomorena.pl)* und seinen altmasurischen Spezialitäten, und besuch dann ⑬ Stare Juchy ➤ S. 100: Im Dorfkirchlein sind uralte bemalte Holzdecken zu bewundern. In ⑭ Giżycko ➤ S. 82 checkst du für zwei Nächte im Hotel St. Bruno *(hotelstbruno.pl)* ein; in der Herberge stecken Teile der geschichtsträchtigen Ordensburg. Dann genießt du den Nachmittag in dem quirligen Städtchen mit seinen 20 Seglerhäfen. In der wuchtigen Feste Boyen gibt's am nächsten Tag Geschichte zu entdecken, und dann nichts wie raus aufs Wasser: mit der Weißen Flotte ➤ S. 86 auf große Seerundfahrt und abends zum Absacker in die Seglerkneipe Siwa Czapla ➤ S. 86.

TAG 7-8
21 km 25 Min.
⑫ Siedlisko Morena
5 km 10 Min.
⑬ Stare Juchy
33 km 40 Min.
⑭ Giżycko

Das ist das Schöne am Paddeln: Ein erfrischendes Bad ist fast immer möglich

EIN SCHLOSS UND VIELE BUNKER

Masuren unter Segeln erleben kannst du tags darauf selbst, und zwar von ⑮ Sztynort ➤ S. 89 aus, *von Giżycko auf der 63 und dann (in Pozezdrze links ab)* in einer guten Autostunde erreicht. Die Tiga-Marina *(sztynort.pl)* verchartert Jachten mit Skipper zu einem Törn auf dem Darginsee: Masuren at its best. An Land eine Besichtigung der berühmten Schlossanlage Steinort nicht versäumen! Nach einer Mahlzeit in der Hafentaverne Zęza geht's dann auf schmalen Nebenstraßen *am Westufer des Mauersees entlang nach Norden (in Kamionek Wielki rechts ab). Knapp 4 km weiter* stehen links ein Aussichtsturm und die gruseligen Reste der Wehrmachts-Bunkerstadt ⑯ Mamerki ➤ S. 91 am Weg, der kurz darauf den Masurischen Kanal kreuzt. *Rechts auf die Chaussee 650 biegend,* ist schon bald ⑰ Węgorzewo ➤ S. 91 erreicht, das Ferienzentrum im Norden Masurens. Du kehrst in der Pension Nautic *(nautic.pl)* am Młynski-Kanal ein und lässt den Tag in einem der Lokale am hübschen Hafen ausklingen.

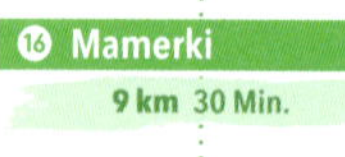

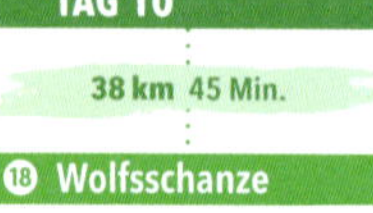

VIELE BUNKER UND DAS HERZ MASURENS

Beklemmend wird es am nächsten Ziel. *Du fährst auf der 650 bis Srokowo, dort links ab in Richtung Gierłoż:* Die ⑱ Wolfsschanze ➤ S. 80 bei Kętrzyn, Hitlers einstiges

Hauptquartier, ist heute Freilichtmuseum, eine gespenstische Sehenswürdigkeit. Nach so viel Nazibeton wirken der Anblick der alten ⑲ **Wehrkirche** ➤ S. 80 in Kętrzyn mit ihrem filigranen Kristallgewölbe und von ⑳ **Schloss Nakomiady** ➤ S. 82 auf der Weiterfahrt *über die kleine Landstraße Richtung Ryn* wie Seelenbalsam. Im Schloss Nakomiady solltest du einen Blick auf den schönsten **Gemüsegarten** Polens nicht versäumen! Und in der **Keramikmanufaktur** gibt's exklusive Souvenirs. *Ein paar Kilometer weiter, in* ㉑ **Ryn** ➤ S. 77, genießt du im **Hotelrestaurant Refektarz** *(tgl. | zamekryn.pl)* der meisterlich restaurierten **Ordensburg** ein köstliches Fischgericht und erlebst mit Glück eines der Ritterspiele, die hier oft ausgefochten werden. Und dann naht auch schon das Ziel der Reise: ㉒ **Mikołajki** ➤ S. 56 mit seinen Bootsstegen, der bevölkerten Uferpromenade, den Souvenirläden und Lokalen. Von Mikołajki aus liegt alles nahe, es ist das Herz Masurens. Grund genug, noch ein bisschen zu bleiben. Übernachte im **Hotel Robert's Port** *(hotel-port.pl)* am Tałty-See, dort ist es etwas ruhiger.

9,5 km 20 Min.
⑲ Wehrkirche
11 km 20 Min.
⑳ Schloss Nakomiady
12 km 25 Min.
㉑ Ryn
1,5 km 5 Min.
㉒ Mikołajki

❷ WASSERWANDERN AUF DER KRUTYNIA

- ➤ **Im Kajak durch Tunnel aus Bäumen gleiten**
- ➤ **Rustikal tafeln auf einer Terrasse überm Wasser**
- ➤ **Die geheimnisvolle Welt der Altgläubigen erleben**

Start: Krutyń
Ziel: Krutyń
26 km, davon 4,5 km Wanderung
1 Tag, reine Paddelzeit 3½ Stunden

Kosten: pro Person 20–25 Euro Kajakmiete inkl. Rücktransport, 20 Euro Essen/Picknick, 3 Euro Klostereintritt
Kajak-/Kanuvermietung bei *AS-Tour (Krutyń 4 | Mobiltel. 600 09 22 52 | e-kanu.de)* am Ortseingang. Nach Absprache mit dem Vermieter kann man die Tour auch in Nowy Most beenden (plus 6 km).

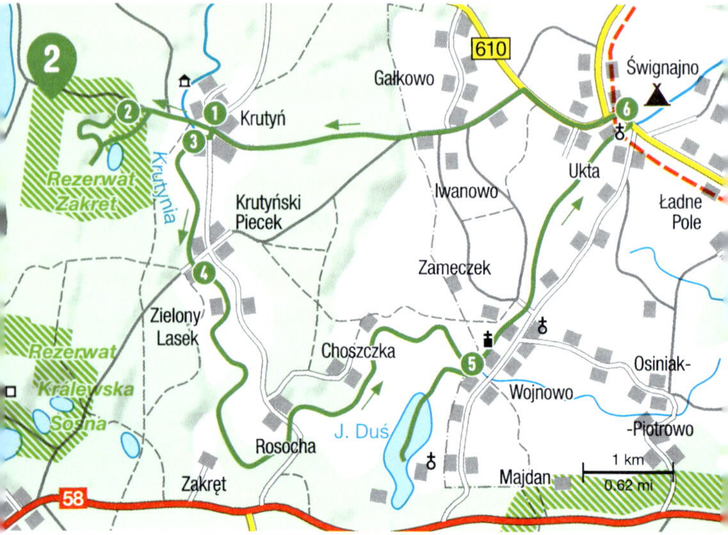

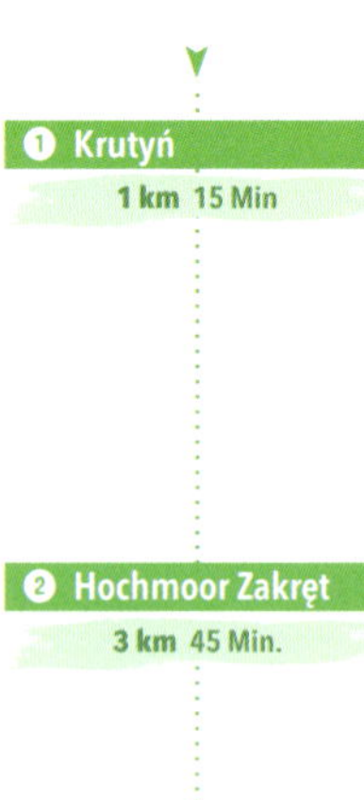

① Krutyń
1 km 15 Min

② Hochmoor Zakręt
3 km 45 Min.

③ Karczma Zacisze
2 km 25 Min.

EXPEDITION INS MOOR

Dein Paddeltag beginnt in Wanderschuhen: In ① **Krutyń** ➤ S. 67 dreht sich zwar fast alles um den Fluss, aber die Umgebung des Dörfchens im Masurischen Landschaftspark ist bezaubernd schön. Starte doch mit einer kleinen Expedition, beginnend am **Naturkundemuseum** ➤ S. 67, wo es auch gute Karten für den Park gibt. *Die Krutynia-Brücke überquerend, folgst du der Allee in Richtung Wald,* vorbei an einer riesigen Stieleiche. Ziel ist das ② **Hochmoor Zakręt**, *zu dem nach etwa 500 m links ein markierter Weg abbiegt,* er bringt dich nach wenigen Minuten an den Rand des ersten Moorsees. Auf dem Wasser, das blauschwarz bis smaragdgrün schimmert, schwimmen Inseln aus Moospolstern, kleine Kiefern wachsen darauf wie Zauberwesen, an den Ufern glitzert Sonnentau – eine Welt, wie aus der Zeit gefallen. *In einer guten Stunde* hast du beide Weiher des Moors umrundet *und kehrst ins Dorf zurück* – und nun ab aufs Wasser! Kurze Stärkung in der ③ **Karczma Zacisze** ➤ S. 67 am Fluss, dann nebenan ein Kajak oder ein Kanu ausleihen und den Rücktransfer vereinbaren.

INSIDER-TIPP
Ohne Moos nix los

PADDELN UNTER BÄUMEN

Paddeln auf der Krutynia ist ungefährlich, man braucht keine Übung dafür und hat sich nach wenigen Minuten an das Boot gewöhnt. Was sich dann einstellt, ist ein einzigartiges Naturerlebnis. Das Wasser ist glasklar und nicht tief, du treibst mit der Strömung und schwebst über Kieselgrund und wehende Seegraswiesen. Südlich von Krutyn beginnt der wohl schönste Abschnitt des Flüsschens, gesäumt von Wald, ein grüner Dom. *Nach etwa 2 km musst du dein Kajak bei* **4 Krutyński Piecek** *ein kurzes Stück über den alten Mühlendamm tragen.* Nach dem Wehr wird es wieder still. Hinter jeder Flussbiegung warten neue Eindrücke, Eisvögel schwirren wie Diamanten übers Wasser, auf Koppeln grasen Pferde.

4 Krutyński Piecek
7,5 km 110 Min.

EINE VERSUNKENE WELT

Hinter dem Rastplatz Port Rosocha, nach einer Stunde erreicht, öffnet sich die Landschaft, bald taucht am rechten Ufer eine blau-weiße Zwiebelturmkirche auf – **5 Wojnowo** ➤ S.66, das Dorf der russischen Altgläubigen. *Achte auf die Einmündung in den Czos-See rechts, paddel dort hinein und leg am kleinen Strand an.* Auf der Anhöhe steht das alte **Philipponen-Kloster**; gegen ein kleines Entgelt schließt der Küster dir auf und lässt

5 Wojnowo
7 km 100 Min.

Schlichte Holzkreuze kennzeichnen die Gräber auf dem Friedhof des Klosters in Wojnowo

dich eintauchen in die versunkene Ikonenwelt der Altgläubigen. Auf dem Friedhof hinter dem Kloster stehen die orthodoxen Kreuze. Ein mystischer Ort.

MARKTBUMMEL UND FLUSSBLICK

Am Kloster kannst du dich mit einem kleinen Imbiss stärken, ehe es auf die letzte Etappe geht, zurück auf die Krutynia. Bald kommt der Kirchturm von 6 Ukta in Sicht. *An der Straßenbrücke* nimmt dich dein Bootsverleiher in Empfang und bringt dich mit dem Kleinbus *zurück nach* 1 Krutyń, wo noch Zeit bleibt für einen Bummel über den kleinen Bauernmarkt *(im Sommer tgl.)*. Lass den Tag auf der Terrasse des Lokals Krutynianka ➤ S. 64 ausklingen, mit Blick auf den Fluss.

3 WILDES MASUREN – WANDERN IM BORKENER URWALD

- ➤ Paddelnd den Fluss Sapina entdecken
- ➤ Mitten durch einen echten Urwald stapfen
- ➤ Den Wisenten bei der Fütterung zusehen

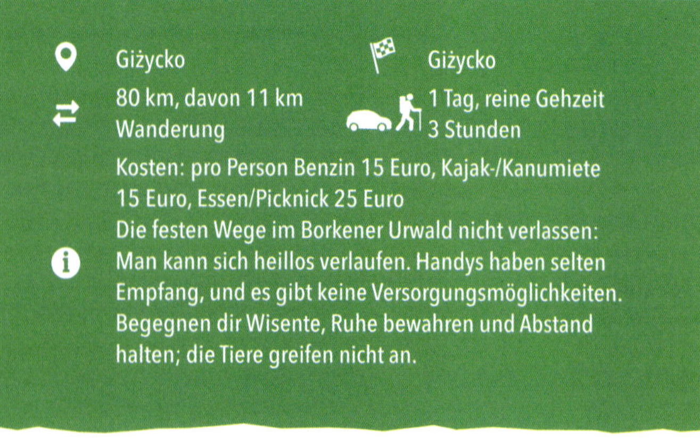

ERST MAL NE KURZE KAJAKTOUR

Du verlässt 1 Giżycko ➤ S. 82 *auf der Fernstraße 63 Richtung Nordosten, biegst nach 10 km kurz hinter Spytkowo rechts ab nach* 2 Kruklanki. Das Städtchen

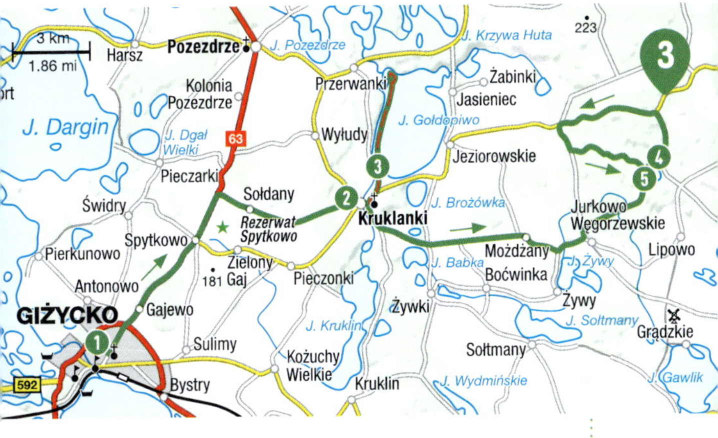

gilt als Tor zum Borkener Urwald und hat sich zu einem beliebten Ferienziel herausgeputzt, vor allem des ③ **Jezioro Gołdapiwo** wegen, der trotzdem immer noch zu den Geheimtipps unter den masurischen Seen zählt. Also, ehe die Wildnis dich verschluckt: *am Kreisel links in die ul. 22 lipca abbiegen,* das Auto auf dem Parkplatz vor der Kirche abstellen und *durch die ul. Wczasowa hinunter zum See.* Gleich hinter der Brücke über die Sapina liegt rechts das **Camp Junior Chris** *(Tel. 227 50 69 84 | chris.com.pl).* Leih dir für zwei Stunden ein Kajak, und du befährst längs des geschützten Westufers ein bezauberndes Paddelrevier. *Zurück an Land* ist es Zeit fürs Mittagessen. Direkt am Kreisel in Kruklanki gibt es im Selbstbedienungslokal **Moto Gospoda** mit Garten gute Hausmannskost. Danach solltest du unbedingt im **Supermarkt** nebenan noch etwas Proviant kaufen für die Wanderung in der Wildnis.

INSIDER-TIPP
Hier lässt sich's auspaddeln

③ Jezioro Gołdapiwo
24 km 55 Min.

AUF IN DEN WILDEN WALD

Die ul. 22 lipca führt südöstlich aus Kruklanki hinaus, von einer Minute auf die andere säumt plötzlich einsame Natur die Straße. Das schmale Asphaltband führt an winzigen Gehöften vorbei, *hinter dem Weiler Jurkowo, wo du dich links in Richtung Wolisko hältst,* beginnt der Urwald. Schnell wird er dichter, lässt an die Forste

Kollisionsgefahr! Segelboote in der Guzianka-Schleuse am Südende des Beldahnsees

④ Wolisko
16 km 50 Min.

aus alten Märchen denken. *Nach weiteren 14 km ist* **④ Wolisko** *erreicht,* rechts schimmert ein See durch die Bäume, an dessen Westufer kommt links das Tor zum **Wisentreservat** in Sicht. Davor gibt's einen Parkplatz. Seit 1956 leben hier Wisente, anfangs in dem 70 ha großen Gehege, doch als ein Sturm Teile des Zauns umbrach, büxten einige Tiere aus. Seither gibt's die braunen Riesen auch in freier Wildbahn, derzeit sollen es etwa 80 sein, du kannst also einigen von ihnen begegnen auf deinem Wildnistrip.

WO DIE WISENTE WOHNEN

Die etwa 11 km lange Tour beginnt in Fortsetzung der Straße am Parkplatz. *Nach 2 km an der Weggabelung links halten,* immer tiefer geht es nun in das große, von Seen und unwegsamen Sümpfen durchzogene Urwaldgebiet hinein. *Nach 4 km kommst du an eine ausgeschilderte Straßenkreuzung, hier gehst du zunächst ein paar Schritte in Richtung Jeziorowskie, nach 50 m links in den schmaleren Weg.* Auf dem nun folgenden Abschnitt ist die Wahrscheinlichkeit ziemlich groß, wilde Wisente zu beobachten. Wölfe und Luchse gibt's hier auch, dir werden sie aber kaum begegnen, dafür sind sie viel zu scheu.

ZUM SCHLUSS GIBT'S FUTTER

Nach 1 km kommt die nächste Kreuzung: Du gehst nach links. Nun schlängelt sich der Weg über 4 km retour Richtung Wolisko, nach knapp einer Stunde bist du am Parkplatz und an der ⑤ Futterstelle ➤ S. 89, rechtzeitig zur Fütterung der Wisente *(im Sommer 9–11 und 16–18 Uhr).* Anschließend geht's über Kruklanki auf vertrauter Strecke *zurück nach* ① Giżycko (Vorsicht: Wildwechsel!) auf ein kühles Bier und was zu essen in der Tawerna Marina *(tgl. 9–23 Uhr | Dąbrowskiego 14 | Tel. 87 4 28 47 34 | tawernamarina.pl | €€).*

⑤ Futterstelle
28 km 50 Min.

① Giżycko

④ RADTOUR RUND UM DEN BELDAHNSEE

- Boote aller Art en masse bestaunen
- In die skurrile Welt der Galinder eintauchen
- Seltenen Wildpferden beim Galoppieren zuschauen

Start: Aktiv-Resort Wioska Rowerowa

Ziel: Aktiv-Resort Wioska Rowerowa

40 km

8 Stunden, reine Fahrzeit 3 Stunden

Kosten: pro Person Fahrrad 10 Euro, Essen 20 Euro, Fähre 3 Euro, Forschungsstation 3 Euro
Fähre Wierzba: Sommer tgl. 8–17 Uhr zur vollen Stunde, sonst seltener. Forschungsstation: Mai–Sept. bis 17 Uhr

SEGELBOOTE BIS ZUM ABWINKEN

Ausgangsort ist das ① Aktiv-Resort Wioska Rowerowa am Ostufer des Beldahnsees, die wohl beste Adresse für Fahrradtouristik in Masuren. Leih dir ein Bike deiner Wahl, und los geht's. *Zunächst nach Süden, in Richtung Ruciane Nida* ➤ S. 63, nach einer halben Stun-

① Aktiv-Resort Wioska Rowerowa
3,5 km 15 Min.

de erreicht. An der ❷ Guzianka-Schleuse ➤ S. 64 kurz stoppen: Das Gewimmel der Segelboote muss man gesehen haben! *Hinter der Schleuse an der Kreuzung der ul. Mazurka/ul. Cicha rechts in die schmale Straße einbiegen.* Nun wird es still. Der Weg schlängelt sich durch lichten Wald nordwärts, dem Uferverlauf des Sees folgend. *Nach 3 km erreichst du* ❸ Wygryny ➤ S. 66, das große Wassersportzentrum am Beldahnsee. In der Marina gibt es dann die Gelegenheit für einen Imbiss mit schönem Blick aufs Wasser und viele, viele Boote.

❷ Guzianka-Schleuse

3 km 10 Min.

❸ Wygryny

9,5 km 40 Min.

❹ Galindia

6 km 50 Min.

❺ Fähranleger Wierzba

2,5 km 10 Min.

❻ Popielno

8,5 km 35 Min.

INS MASURISCHE PARADIES

Zurück auf der Straße, geht's *an der Bushaltestelle rechts Richtung Kamien/Iznota. Nach etwa 8 km* durch schönsten masurischen Nadelwald überquerst du das Flüsschen Krutynia und folgst *gleich hinter der Brücke dem Wegweiser rechts nach „Mazurski Eden".* Kopfüber im Boden steckende Bäume, die Wurzeln in den Himmel reckend, geben einen Vorgeschmack auf die skurril inszenierte Welt der heidnischen Ureinwohner, die dich im ❹ Galindia ➤ S. 59 erwartet. Du kehrst bei seinem Schöpfer Cezary Kubacky zum Mittagessen ein, anschließend entspannst du mit schönem Blick auf den See. Es herrscht Badewetter? Du kannst herrlich schwimmen gehen hier!

ZU BIBERN UND TARPANEN

Nach dem Bad *zurück zum Hauptweg, rechts ab und nach etwa 500 m noch mal rechts in Richtung des* ❺ Fähranlegers Wierzba, *den du nach knapp 6 km erreichst.* Im Stundentakt setzt hier eine altertümliche Fähre über – ein nostalgisches Erlebnis. Auf der anderen Seite des Sees führt die Strecke zunächst nach ❻ Popielno ➤ S. 66 auf der Halbinsel zwischen Spirding- und Beldahnsee mit schönem Ausblick auf das

„masurische Meer“. Das Dorf ist Sitz eines **Zoologischen Forschungszentrums** ➤ S. 66 – lass dir hier auf jeden Fall die Biberzucht zeigen! In ganz Europa sind schon Biber aus Masuren ausgewildert worden. *Anschließend den Weg in Richtung Wald nehmen,* vielleicht entdeckst du dort eine Herde Tarpane, scheue Wildpferde, die hier in einem umzäumten Reservat erfolgreich rückgezüchtet wurden.

IM WALD UND AUF DER HEIDE

Der Radweg führt nun *von Popielno weiter Richtung Ruciane-Nida* durch eines der schönsten Areale der Puszcza Piska, der Johannisburger Heide ➤ S. 63 zwischen Beldahn- und Warnoldsee (Jezioro Warnołty). Auf der Asphaltstraße radelst du nach ⑦ **Wejsuny** ➤ S. 65, wo die hübsche **Dorfkirche** als eins der wenigen protestantischen Gotteshäuser im katholischen Masuren bis heute der Evangelisch-Augsburgischen Gemeinde gehört. Das Dorf *Richtung Ruciane verlassend, zweigt nach 2 km der Weg nach Piaski ab,* und wenige Minuten später hast du das ① **Aktiv-Resort Wioska Rowerowa** erreicht, wo bei einer kleinen Mahlzeit aus dem hauseigenen **Restaurant** mit Terrassenblick aufs Wasser die Tour um den Beldahnsee ausklingt.

⑦ Wejsuny
4 km 20 Min.

① Aktiv-Resort Wioska Rowerowa

Baumfäller und Dammbauer: In Popielno werden Biber zur Auswilderung gezüchtet

GUT ZU WISSEN

DIE BASICS FÜR DEINEN URLAUB

ANKOMMEN

ANREISE

Mit dem Auto führen die meisten Wege nach Masuren durch Berlin und dann auf der A2 (zwischendurch gibt es einige Mautstationen, Zahlung in Złoty, Euro und per Karte möglich) bis kurz hinter Posen, dann quer durchs Land über Gnesen, unterhalb von Thorn und durch Brodnica und Ostróda nach Olsztyn. Ab Gnesen geht es dank neu gebauter Schnellstraßen inzwischen ganz flott voran. Wer unterwegs Danzig besuchen will, nimmt die A11 nach Stettin und in Polen dann südlich der Küste die Schnellstraße S6, die gerade im Bau, aber teilweise auch schon fertig ist, bis Danzig. Von dort führt die Schnellstraße S7 flott über Elbing nach Ostróda kurz vor Olsztyn. Sehr schnell trotz zusätzlicher Kilometer geht es aus Deutschland auf der A2 nach Warschau und dann rauf nach Masuren – am flottesten über die Schnellstraße S8 in Richtung Białystok und dann von Ostrów Mazowiecka weiter auf der neuen Schnellstraße S61 (auch „Via Baltica" genannt, letzte Abschnitte sind noch im Bau) bis nach Ełk (Lyck). Wer aus oder durch Sachsen kommt, kommt über Breslau ebenfalls schnell hinauf nach Norden.

Per Zug ist der viermal täglich verkehrende EuroCity Berlin–Warszawa die beste Wahl. In Posen steigt man um nach Olsztyn. Fahrzeit Berlin–Olsztyn ab ca. 7 Stunden *(bahn.de)*.

Per Fernbus bieten Eurolines *(eurolines.de)* und Flixbus *(flixbus.de)* viele Verbindungen. So kommst du z. B. von Berlin aus in rund 11 Stunden nach Olsztyn (ab ca. 45 Euro).

Die Fluggesellschaft WizzAir *(wizzair.com)* hat Direktverbindungen nach Danzig aus Köln, Dortmund und Hamburg im Programm. Auch vom masu-

Alleen wie diese birkengesäumte gibt es noch viele in Masuren

rischen Flughafen Olsztyn Mazury *(mazuryairport.pl)* – 11 km südlich von Szczytno, 58 km östlich von Allenstein – gibt es aktuell eine Verbindung mit WizzAir nach Dortmund. Am Flughafen kann man auch Autos mieten.

AUSKUNFT

Polnisches Fremdenverkehrsamt:
Deutschland: Hohenzollerndamm 151 | 14199 Berlin | Tel. 030 2 10 09 20 | polen.travel/de
Österreich (auch für die Schweiz zuständig): Fleschgasse 34 | 1130 Wien | Tel. 01 5 24 71 91 | polen.travel/de-at
masuren.de (Privatportal mit vielem über die Region)
masuren-online.de (Privatportal mit Infos von Aktivurlaub bis Unterkunft)

EINREISE

Auch in Polen gilt das Schengen-Abkommen. Kontrollen gibt es also nur noch in Ausnahmefällen. Personalausweis oder Reisepass muss man natürlich dabeihaben, auch Kinder benötigen ein eigenes Reisedokument.

KLIMA & REISEZEIT

Das Wetter in Masuren ist kontinental geprägt. Die Sommer können von mollig warm bis ziemlich heiß werden, aber trotzdem meist etwas kühler als

GRÜN & FAIR REISEN

Du willst beim Reisen deine CO_2-Bilanz im Hinterkopf behalten? Dann kannst du deine Emissionen kompensieren *(atmosfair.de; myclimate.org)*, deine Route umweltgerecht planen *(routerank.com)* oder auf Natur und Kultur *(gate-tourismus.de)* achten. Mehr über ökologischen Tourismus erfährst du hier: *oete.de* (europaweit); *germanwatch.org* (weltweit).

zu Hause. Die Winter waren früher oft bitterkalt, wegen der Klimaerwärmung ist es aber deutlich milder geworden. Mit dem langen Maiwochenende (der 1. und 3. Mai sind in Polen Feiertage) beginnt in Masuren die Vorsaison – Mai, Juni und dann wieder September und Oktober sind die perfekten Reisemonate für alle, die es etwas ruhiger mögen. Im Juli und August hat ganz Polen Schulferien, und der Ansturm auf die Seenplatte beginnt.

ZOLL

Seit dem EU-Beitritt Polens gibt es an den EU-Grenzen keine Zollkontrollen mehr, und für die Ein- und Ausfuhr gelten die Bestimmungen des EU-Binnenmarkts *(zoll.de | bmf.gv.at/zoll)*. Für Schweizer gelten andere Freimengen *(zoll.ch)*.

WEITER-KOMMEN

AUTO

Die Höchstgeschwindigkeit beträgt 50 km/h in Orten, 90 km/h auf Landstraßen (100 km/h auf mehrspurigen), 120 bzw. 130 km/h auf Expressstraßen und 140 km/h auf Autobahnen. Viele polnische Fahrer rasen trotzdem. Hier gilt: cool bleiben, nicht drängeln und nicht nerven lassen.

In Polen muss man das ganze Jahr über auch am Tag mit Abblendlicht fahren. Es besteht generelle Anschnallpflicht; Kinder unter 12 Jahren müssen hinten sitzen. Warnwesten sind mitzuführen. Die Promillegrenze liegt bei 0,2; bei Überschreitung kann die Polizei den Führerschein einziehen. Handybenutzung am Steuer nur mit Freisprechanlage. Die Polizei kassiert Strafen von Ausländern in bar. Sie begleitet dich im Zweifel sogar zum nächsten Geldautomaten.

Das Tankstellennetz ist dicht, die größeren an den Hauptverkehrsstraßen haben rund um die Uhr geöffnet. „ON" ist die polnische Abkürzung für Diesel, LPG (Gaz) für das verbreitete Flüssiggas. Benzin wird nach 95 und 98 Oktan unterschieden. E10 gibt es nur selten als eigene Marke. E-Ladestationen werden immer häufiger, sind aber noch weniger verbreitet als in Deutschland, Österreich oder der Schweiz.

Pannenhilfe (auf Anfrage fremdsprachig): vom polnischen Festnetz *Tel. 618 31 98 88*, vom Handy *Tel. +48 618 31 98 88*.

MIETWAGEN

Leihfahrzeuge bekommst du in Masuren am besten in Olsztyn, außerdem am Flughafen Olsztyn-Mazury. Eine gute Übersicht über die besten Angebote findest du auf Suchmaschinen, u. a. unter *rentalcars.com* und *auto europe.com*.

ÖFFENTLICHE VERKEHRSMITTEL

Innerhalb Masurens lohnt es sich kaum, die Bahn zu nehmen, um von A nach B zu kommen. Dann schon lieber per Bus. Entweder mit den Linien der staatlichen PKS oder mit privaten Anbietern, zu denen inzwischen auch der deutsche Flixbus *(flixbus.de)* und Arriva *(arrivabus.pl)* gehören.

FESTE & EVENTS

RUND UMS JAHR

JANUAR

WOŚP: Riesige Spendenaktion in ganz Polen, mit großem Finale am 2. Sonntag des Monats. Konzerte, Partys etc. *wosp.org.pl*

FEBRUAR

Biesiada Rycerska: großes Festessen in der Burg von Ryn mit Mittelalter-Schaukämpfen. *zamekryn.pl*

JUNI

Internationale Tage der Region Bartoszyce: Konzerte von Pop bis Folklore. *bartoszyce.pl*

JULI

Schlacht von Grunwald: Am 14. Juli stürzen sich Tausende von „Rittern" in die Schlacht und besiegen wie 1410 das Heer des Deutschen Ordens (Foto). *grunwald1410.pl*

Hafenfestival Mikołajki: Shantys, Countrymusic und Blues. *marigo.pl*

Przystanek Olecko: Familienfreundliches Popfestival am Monatsende, teils mit namhaften polnischen Stars. *Facebook: przystanek olecko*

Kunstsommer in Olsztyn: Konzerte, Ausstellungen, Straßentheater (bis September). *mok.olsztyn.pl*

JULI/AUGUST

Piknik-Country: dreitägiges starbesetztes Festival der Countrymusik in Mrągowo mit Parade und Tanzvorführungen. *Facebook: piknik country*

AUGUST

Turniej Rycerski: Zeitreise ins Mittelalter beim Ritterturnier an der Burgruine Szczytno.

AUGUST/SEPTEMBER

Rock Battle of Barcja: Wettbewerb von Rockbands aus ganz Polen in Bartoszyce. *Facebook: bitwa barcja*

SEPTEMBER

Festiwal Fantastyki Twierdza: dreitägiges Fantasy-Festival in der Feste Boyen von Giżycko. *festiwaltwierdza.pl*

IM URLAUB

CAMPING

Wildes Zelten ist verboten, die polnischen Staatsforstbetriebe haben das Übernachten im Zelt aber unter bestimmten Bedingungen in 425 Waldgebieten erlaubt *(Karte: short.travel/mas11)*. Neben den zahlreichen großen Campingplätzen *(kemping)* gibt es auch viele kleine Zelt- und Stellplätzen ohne Versorgung – teils sehr schön an Seeufern gelegen. Sie sind von Mai bis September in Betrieb, einige auch länger. Zelt heißt *namiot*, Wohnwagen *przyczepa kempingowa*, und das Wohnmobil wird *kamper* genannt. Infos unter *pfcc.eu*.

FEIERTAGE

1. Jan.	Neujahr
6. Jan.	Hl. Drei Könige
März/April	Ostermontag
1. Mai	Tag der Arbeit
3. Mai	Jahrestag der Verfassung von 1791
Mai/Juni	Fronleichnam
15. Aug.	Mariä Himmelfahrt
1. Nov.	Allerheiligen
11. Nov.	Unabhängigkeitstag von 1918
25./26. Dez.	Weihnachten

FOTOGRAFIEREN

Militärische Anlagen darf man nicht ablichten, ansonsten steht dem Knipsen in Masuren nichts im Wege. Echte Fotoläden werden immer seltener, Speicherkarten *(karty pamięci)* gibt's aber in Elektronikgeschäften (z. B. Media Expert, Avans, Neonet), größeren Supermärkten und in Touristenorten auch in Souvenirgeschäften etc.

GELD & WÄHRUNG

Der polnische Złoty (*złoty*, je nach Zahl im Plural auch *złote* oder *złotych*) ist im Wert in den letzten Jahren ziemlich stabil geblieben gegenüber dem Euro. Die Entsprechung zu unserem Cent ist der *grosz* (Mehrzahl *grosze* oder **groszy**). Es gibt Münzen zu 1, 2, 5, 10, 20 und 50 *groszy*, dann 1, 2 und 5 *złoty*, dazu Scheine im Wert von 5, 10, 20, 50, 100 und 200 *złoty*. Wechselstuben *(kantor)* sind fast immer fair. Aber man kann auch einfach an einem der sehr zahlreichen Geldautomaten *(bankomat)* Bares abheben. Gebühren halten sich sehr in Grenzen.

In Geschäften und Restaurants ist Kartenzahlung in Polen viel stärker verbreitet als bei uns – am häufigsten Visa, aber auch MasterCard, und am liebsten kontaktlos. Aber aufgepasst: Wenn du während der Transaktion gefragt wirst, ob in Euro oder Złoty abgerechnet werden soll, immer die polnische Währung wählen. Das gilt auch für den Geldautomaten, wo jedes Mal ein (deutlich überhöhter) „sicherer" Eurobetrag angeboten wird. Den auf keinen Fahl wählen, sondern auf Landeswährung klicken. Praktisch für Ungeübte sind Online-Währungsrechner wie auf *oanda.com*.

INSIDER-TIPP
Kühler Kopf am Automaten

INTERNETZUGANG & WLAN

In den meisten Cafés, Restaurants, Hotels und Pensionen, auf Campingplätzen und gelegentlich auch mitten in der Stadt gibt es WLAN-Hotspots (meist mit „WiFi" gekennzeichnet). Da es innerhalb der EU keine Roaminggebühren mehr für die Nutzung von Daten gibt, kannst du getrost dein Smartphone fürs Surfen nutzen. Eine bestimmte Datenmenge ist meist sogar kostenlos – je nachdem, was für ein EU-Datenpaket du in deinem Handyvertrag hast. Wer trotzdem sparen will, sollte sich die App „Maps me" herunterladen, die man sogar offline als Navi nutzen kann.

Unbedingt aufpassen solltest du, wenn du im nordöstlichen Masuren der russischen Grenze gefährlich nahe kommst. Manchmal schnappt sich das Handy schon ein paar Kilometer vorher das russische Netz. In solchen Gegenden also nicht surfen oder am besten gleich die mobilen Daten ausschalten!

ÖFFNUNGSZEITEN

Mit der Sonntagsöffnung von Supermärkten ist es seit 2019 vorbei. Aber Polen wäre nicht Polen, wenn sich nicht doch Auswege finden ließen. So dürfen kleine Geschäfte, Blumenläden etc. geöffnet bleiben, wenn der Besitzer selbst hinterm Tresen steht. Und Tankstellen arbeiten sowieso meist nach dem Prinzip „24/7/365". Montag bis Samstag haben die Supermärkte von 7 oder 8 Uhr morgens bis 21 oder 22 Uhr die Pforten geöffnet, kleinere Geschäfte etwas kürzer. Die meisten Restaurants sind täglich mittags bis abends geöffnet, das aber nur in der Hauptsaison.

POST

Die Poczta Polska unterhält selbst in vielen kleineren Orten noch ihre Postämter, auch die charakteristischen roten Briefkästen findest du überall. Inzwischen gibt es in Polen für den Briefversand ins Ausland nur noch die Option „Priorytet", was unserer „Luftpost" entspricht. Briefe bis 50 g und Postkarten kosteten zuletzt 8 Zl. In EU-Länder ist die Post dann meist nur zwei, drei Tage unterwegs. Briefmarken heißen *znaczki*, Brief heißt *list*. Einige große Postämter haben am Wochenende teils noch geöffnet, in der Regel gilt aber: montags bis freitags, von morgens bis 18 oder 19 Uhr.

WAS KOSTET WIE VIEL?

Caffè latte	3,50–4 Euro *für einen Becher*
Abendessen	35 Euro *für 2 Personen im Mittelklasse-Lokal*
Bier	ca. 3 Euro *für ein 0,5-l-Glas im Lokal*
Schiffstour	50 Euro *pro Person für einen Tagesausflug*
Benzin	ca. 1,50 Euro *für 1 l mit 95 Oktan*
Fahrrad	12–15 Euro *Mietpreis pro Tag*

SPRACHE

Polnisch ist nicht gerade einfach zu erlernen. Die gute Nachricht für deutschsprachige Touristen: Traditionell wird in Masuren im Gastgewerbe eher deutsch als englisch gesprochen. Auch beim Automechaniker funktioniert's eher auf Deutsch. Dies ändert sich langsam, aber sicher; bei der jüngeren Generation ist eine Verständigung auf Englisch schon wahrscheinlicher.

STRÄNDE

Im Land der 3000 Seen gibt es natürlich auch zahllose tolle Strände, manchmal sogar aus Sand. Die größeren Stadt-, Dorf- oder Gemeindestrände sind ausgeschildert mit dem gut zu merkenden polnischen Wort für Strand: *plaża*. FKK-Strände sind keine ausgewiesen, aber für Nackedeis steht eine ganz einfache Lösung parat: ein ruhiges Plätzchen an einem weniger bevölkerten See suchen, Klamotten aus und reinspringen.

TAXI

Kleinere Taxiunternehmen sind über die Städte und Dörfer Masurens verteilt. Einsteigen solltest du nur in offizielle Taxis, die als solche beschriftet sind, einen funktionierenden Taxameter haben und einen Fahrer mit Identifikation. Sehr beliebt sind inzwischen die Taxis, die übers Smartphone bestellt werden – in Polen vor allem über die Apps Uber, Bolt und Free Now (MyTaxi).

TELEFON & HANDY

Vorwahl nach Deutschland +49, nach Österreich +43, in die Schweiz +41. Vorwahl nach Polen: +48.

Trotz des Wegfalls der Roaminggebühren in der EU fürs Nutzen des Telefons im Ausland ist der Anruf bei einer polnischen Nummer von einem ausländischen Handy immer noch ein Auslandsgespräch, auch wenn man zu der Zeit auf polnischem Boden steht. Auch diese Preise sind aber humaner geworden. *Tel. Inlandsauskunft: 913, Tel. Auslandsauskunft: 912*

TOILETTEN

Damit es zu keiner peinlichen Situation kommt oder du es eilig hast und dann völlig ratlos vor der Tür stehst: In Polen werden die Toiletten *(toalety)* oft nur mit einem Symbol gekennzeichnet – ein Kreis für die Frauen, ein Dreieck für die Herren der Schöpfung. Gebühr 2–5 Zł.

TRINKGELD

Ein 10-prozentiges *napiwek* ist eine angemessene Anerkennung für guten Service im Restaurant und im Hotel. Im Restaurant das Trinkgeld entweder direkt geben (den entsprechenden Betrag zahlen und „danke" sagen) oder es am Ende auf dem Tisch liegen lassen. Bei Kartenzahlung kann man meist den Rechnungsbetrag auf dem Terminal um das Trinkgeld erhöhen. Auch bei Taxifahrten wird der Fahrpreis üblicherweise aufgerundet.

NOTFÄLLE

DIPLOMATISCHE VERTRETUNGEN

Deutsches Generalkonsulat:
al. Zwycięstwa 23 | 80-219 Gdańsk | Tel. 58 340 65 00 | polen.diplo.de/pl-de
Nur für Notfälle außerhalb der Öffnungszeiten: *+48 605 68 23 47*
Österreichische Botschaft:
ul. Gagarina 34 | 00-748 Warschau | Tel. 22 841 00 81 | bmeia.gv.at/oeb-warschau

Botschaft der Schweiz:
al. Ujazdowskie 27 | 00-540 Warszawa | Tel. 22 6 28 04 81 | eda.admin.ch/warsaw

GESUNDHEIT

Erste Hilfe ist für Ausländer kostenlos. Impfungen für Touristen sind nicht vorgeschrieben. Die Versorgung mit Ärzten, medizinischen Zentren und Krankenhäusern ist recht gut, besonders in den touristischen Gegenden. Auch Apotheken (polnisch: *apteka*) stehen sehr zahlreich zur Verfügung. Ärzte können fast alle englisch, einige in Masuren auch deutsch.

Patienten mit einer Auslandskrankenversicherung werden normalerweise problemlos aufgenommen. Je nach Leistung kommt es schon mal vor, dass man vor Ort bezahlen muss und das Geld dann erst zu Hause von der Krankenkasse rückerstattet wird.

NOTRUF

Allgemeine Notrufnummer Polizei / Feuerwehr / Rettungsdienst: 112
Tel. Pannenhilfe: 981
Tel. Wasserrettung: 89 5 27 48 14
Tel. Notruf vom Handy aus: +48 1 12

WICHTIGE HINWEISE

MÜCKEN- & ZECKENSCHUTZ

Für Bootstouren auf Kanälen und Seen unbedingt Mückenschutzmittel mitnehmen. Eine Vorsorge gegen Zecken ist ebenfalls zu empfehlen, Masuren ist nämlich besonders betroffen. Denk über eine FSME-Impfung nach und nimm Zeckenspray und eine Zeckenzange mit ins Gepäck, wenn du dich viel in der Natur aufhältst.

WETTER IN SZCZYTNO

Hauptsaison (Mai–Sept.) / Nebensaison (Jan.–April, Okt.–Dez.)

	JAN.	FEB.	MÄRZ	APRIL	MAI	JUNI	JULI	AUG.	SEPT.	OKT.	NOV.	DEZ.
Tagestemperaturen	-8°	-2°	5°	11°	17°	20°	25°	25°	20°	12°	5°	0°
Nachttemperaturen	-10°	-8°	-3°	3°	8°	12°	16°	16°	12°	8°	-3°	-6°
Sonnenschein Stunden/Tag	1	1	4	6	6	7	8	8	7	4	1	1
Niederschlag Tage/Monat	8	7	6	6	9	9	12	12	8	6	4	4

SPICKZETTEL POLNISCH

SMALLTALK

ja/nein/vielleicht	tak/nie/może	tak/njä/moschä
bitte/danke	proszę/dziękuję	proschän/dschänkujä
Hallo/Tschüss!	Witam!/Cześć!	Witam!/Tscheschtsch!
Guten Morgen (Tag)!/ Guten Abend!/Gute Nacht!	Dzień dobry!/Dobry wieczór!/Dobranoc!	Dsjänj dobri!/Dobri wjätschur!/Dobranotz!
Auf Wiedersehen!	Do widzenia!	Do widsenja!
Ich heiße …	Nazywam się …	Nasiwam schiän …
Wie heißt du?	Jak się nazywasz?	Jak schiän nasiwasch?
Ich komme aus …	Pochodzę z …	Pochodsän s …
Entschuldigung!	Przepraszam!	Pschäprascham!
Wie bitte?	Słucham?	Suucham?
Das gefällt mir nicht.	To mi się nie podoba.	To mi schän njä podobba.
Ich möchte …	Chciałbym *(m)*/ Chciałabym *(f)*…	Chtschaubim *(m)* / Chtschauabim *(f)*…

ZEIGEBILDER

ESSEN & TRINKEN

Reservieren Sie uns bitte für heute Abend einen Tisch für vier Personen.	Proszę zarezerwować dla nas na dziś wieczór stolik dla czterech osób.	**Proschän saräsärwowwatsch dla nas na dsisch wjätschur stollik na tschtäri ossobbi.**
Die Speisekarte, bitte.	Czy mogę prosić kartę?	**Tschi mogä prossitsch kartän?**
Könnte ich bitte … haben?	Chciałbym *(m)* …?/ Chciałabym *(f)* …?	**Chtschaubim *(m)* …?/ Chtschauabim *(f)* …?**
Vegetarier(in)	wegetarianin *(m)*/ wegetarianka *(f)*	**wegetarijanin *(m)*/ wegetarijanka *(f)***
Ich möchte zahlen, bitte.	Proszę o rachunek.	**Proschän o rachunek.**
bar/Kreditkarte	gotówka/karta kredytowa	**gatuwka/karta kreditowwa**

NÜTZLICHES

Wo ist …?/Wo sind …?	Gdzie jest …?/ Gdzie są …?	**Gtsiä jäst …?/ Gtsiä song …?**
Wie viel Uhr ist es?	Która godzina?	**Ktura goddsina?**
Wie viel kostet …?	Ile kosztuje …?	**Ilä koschtujä …?**
Wo finde ich einen Internetzugang?	Gdzie znajdę dojście do internetu?	**Gdsä snajdjän dojszijä do internetu?**
Fahrplan/Fahrschein	rozkład jazdy/bilet	**roskwad jasdi/biljet**
offen/geschlossen	otwarte/zamknięte	**ottwarte/ sammknijänte**
links/rechts/geradeaus	na lewo/na prawo/ prosto	**na läwo/na prawo/ prossto**
mehr/weniger	więcej/mniej	**wijänzej/mnijäj**
billig/teuer	tanio/drogo	**tannio/drogo**
Fieber/Schmerzen	gorączka/ból	**gorontschka/bul**
Apotheke/Drogerie	apteka/drogeria	**aptäka/drogerija**
kaputt	rozbity	**rosbiti**
Panne/Autowerkstatt	awaria/warsztat	**awarija/warschtatt**
Hilfe!/Achtung!	Ratunku!/Uwaga!	**Ratunnku!/Uwaga!**
0/1/2/3/4/5/6/7/8/9/ 10/100/1000	zero/jeden/dwa/ trzy/cztery/pięć/ sześć/siedem/osiem/ dziewięć/dziesięć/ sto/tysiąc	**säro/jädän/dwa/tschi/ tschtäri/pjäntsch/ schäschtsch/schädäm/ oschäm/dsjäwjäntsch/ dsjäschjäntsch/sto/ tischjonz**

URLAUBS FEELING

ZUM EINSTIMMEN & AUSKLINGEN

LESESTOFF & FILMFUTTER

RITT DURCH MASUREN

Der Klassiker schlechthin, verfasst vor 80 Jahren von der in Masuren aufgewachsenen Journalisten- und Verlegerlegende Marion Gräfin Dönhoff. Da kommt sofort Masuren-Sehnsucht auf! (1941)

CORPUS CHRISTI

Aus dem Gefängnis entlassen, will Daniel Priester werden. Da er nicht zugelassen wird, verkleidet er sich einfach und wird zum Kleinstadt-Priester. Der polnische Film von Jan Komasa war für einen Oscar in der Kategorie „International" nominiert. (2019)

DER LETZTE MASURISCHE BÄR

In diesem „Schelmenroman" von Peter Ostendorf verliert ein Deutscher sein Herz ans Land der tausend Seen. Es geht um eine Bärenjagd, obwohl es hier gar keine Bären mehr gibt. Der Masure Jacek löst das Problem auf seine Weise. (2011)

EMPUSION

Olga Tokarczuk erhielt 2018 den Literaturnobelpreis, u.a. für ihr Meisterwerk „Die Jakobsbücher". Auch ihr neuer Roman, eine feministische Variante des „Zauberbergs", enthält viele deutsch-polnische Spuren. (2023)

PLAYLIST QUERBEET

0:58

DAWID PODSIADŁO – MAŁOMIASTECZKOWY
Extrem erfolgreicher polnischer Vertreter von Indie Pop und Rock

FRÉDÉRIC CHOPIN – MAZURKA IN A-MOLL
Auch als Chopin Polen verließ, verband ihn bis zu seinem Tod viel mit der polnischen Heimat. Er schrieb vier Mazurkas – der Name sagt alles

KAYAH & BREGOVIĆ – PRAWY DO LEWEGO
Polnische Folkröhre meets serbischen Filmkomponisten. Tanzbar!

SYLWIA GRZESZCZAK – TAMTA DZIEWCZYNA
Toller, melodiöser Hit der Powerfrau des polnischen Pop

AGA ZARYAN & GRZEGORZ TURNAU – TO JEDNO
Jazzsängerin und legendärer Liedermacher im Duett.

Den Soundtrack zum Urlaub gibt's auf **Spotify** unter **MARCO POLO** Poland

Oder Code mit Spotify-App scannen

AB INS NETZ

REISEREPORTAGE
Winter in Ostpreußens Zauberwald – Begegnungen in der Rominter Heide. Filmische Reise: Herrliche Naturaufnahmen des Urwalds vom Dokumentarfilmer Wolfgang Wegner. Zu finden u. a. bei Youtube

BLOG.MASURENRAD.DE
Wie steuert man ein Hausboot? Radtouren auf eigene Faust oder doch besser geführt? Wo kann man als Anfänger paddeln? Rund um den Outdoor-Aktivurlaub gibt es für Masuren kaum einen besseren Blog

MASURENTEAM.COM
Das deutsch-polnische Masuren-Team aus begeisterten Kanuten und Seglern bietet individuell zugeschnittene, kombinierbare Aktivtouren an

MY GUIDE
Die Ermland-Masuren-App: Routenplanung, Sightseeing, Offline-Modus

ŻEGLUJ
App für alle, die mit Boot aufs Wasser wollen: zertifizierte und detailreiche Seekarten-Navigation, Marinas, Ankerplätze, Restaurants, Tankstellen

TRAVEL PURSUIT

DAS MARCO POLO URLAUBSQUIZ

Weißt du, wie die Masurischen Seen ticken? Teste hier dein Wissen über die kleinen Geheimnisse und Eigenheiten von Land und Leuten. Die Lösungen findest du in der Fußzeile. Und ganz ausführlich auf den S. 18–23.

❶ Wo wollte Robert Lewandowski 17 Mio. Euro investieren, bevor er sich aus dem Projekt zurückzog?

a) Giżycko
b) Mikołajki
c) Szczytno

❷ Wo gibt es laut Messungen die sauberste Luft Polens?

a) In der Rominter Heide
b) In der Borkener Heide
c) Im Wigry-Nationalpark

❸ Wie heißt der größte See Masurens und Polens?

a) Niedersee
b) Mauersee
c) Spirdingsee

❹ Wie weit wurde der später verfallende Masurische Kanal fertiggestellt?

a) Zu 20 Prozent
b) Zu 90 Prozent
c) So gut wie ganz

❺ Von wo wurden zu Zeiten des visafreien „kleinen Grenzverkehrs" gern billige Zigaretten und Benzin nach Polen geschmuggelt?

a) Litauen
b) Kaliningrader Gebiet
c) Weißrussland

Lösungen: 1a, 2b, 3c, 4b, 5b, 6c, 7a, 8a, 9c, 10b, 11c

Schiffsparkplatz: Dicht an dicht liegen die Segelboote in der Marina von Węgorzewo

❻ Wie bezeichnen die Masuren Gebäude, die noch aus deutscher Zeit stammen?

a) „deutschhaus"
b) „niemiecki"
c) „poniemiecki"

❼ In welches Städtchen knattern jeden Juli Hunderte Harleys?

a) Mrągowo
b) Giżycko
c) Mikołajki

❽ Wie werden die in Polen so beliebten „Ferien auf dem Bauernhof" in der Landessprache genannt?

a) Agroturystyka
b) Agrituristo
c) Agrotourism

❾ In welcher geologischen Epoche entstanden die Masurischen Seen?

a) Steinzeit
b) Kreidezeit
c) Eiszeit

❿ Wie heißen die Indianerzelte, von denen es in Masuren ein ganzes Dorf gibt?

a) Biwaks
b) Tipis
c) Wigwams

⓫ Wie wird der Storch in Polen poetisch genannt?

a) Jacek
b) Marek
c) Wojtek

REGISTER

LOB ODER KRITIK? WIR FREUEN UNS AUF DEINE NACHRICHT!

Trotz gründlicher Recherche schleichen sich manchmal Fehler ein. Wir hoffen, du hast Verständnis, dass der Verlag dafür keine Haftung übernehmen kann.

MARCO POLO Redaktion • MAIRDUMONT • Postfach 31 51
73751 Ostfildern • info@marcopolo.de

Impressum
Titelbild: Giżycko, Niegocinsee (AWL Images: C. Kober)
Fotos: Adobe Stock: Eric Gevaert (9); DuMont Bildarchiv: P. Hirth (34/35, 110); huber-images: Gräfenhain (27), R. Schmid (38/39); iStock: CreativeNature_nl (119), zi3000 (104); L. Janicek (31); Laif: P. Hirth (8, 46, 70, 116, 123), T. Linkel (11), E. Rodtmann (32/33), St. Volk (14/15), G. Westrich (Klappe hinten); Laif/Le Figaro Magazine: Voge (78); lookphotos: age fotostock (43), B. Merz (132/133); mauritius images: A. Cwarlina (10), M. Mehlig (19, 98, 120/121), St. Vidler (12/13), J. Warburton-Lee (103); mauritius images/Alamy: (26/27), ALLTRAVEL (59, 69), H. Kotowski (101), Kpzfoto (92), J. Lipinski (49), PHOTOMAX (30/31), Sherab (77, 84), J. Wlodarczyk (50, 52/53, 106/107), G. Wrona (72/73, 83); mauritius images/imagebroker: Gigerichova (94/95), M. Graben (65); mauritius images/Minden Pictures: Adri Hoogendijk/Buiten-beeld (22); mauritius images/Photononstop: Y. Travert (56); mauritius images/United Archives: McPHOTO/Eva + Helmut Pum (66, 88); A. Milanowska-Kaupat (135); picture-alliance: P. Schicker (130/131); Shutterstock: canon_shooter (81), CCat82 (63), Fotokon (2/3), K. Gach (60), K. A. Isaksen (24/25), J. Lipinski (6/7, 20), piotrbb (87), R. Semik (113), M. Switulski (90), ysuel (Klappe außen, Klappe innen/1)

13., aktualisierte Auflage 2024

Autoren: Mirko Kaupat, Eva Krafczyk, Gabriele Lesser, Thoralf Plath
Redaktion: Anja Lehner
Bildredaktion: Anja Schlatterer
Kartografie: © 2023 KOMPASS-Karten GmbH, A-6020 Innsbruck; MAIRDUMONT, D-73751 Ostfildern (S. 36–37, 108, 112, 115, 118, Umschlag außen, Faltkarte); © 2023 KOMPASS-Karten GmbH, kompass.de unter Verwendung von © OpenStreetMap Contributors, osm.org/copyright (S. 40–41, 45, 54–55, 74–75, 96–97). Als touristischer Verlag stellen wir bei den Karten nur den De-facto-Stand dar. Dieser kann von der völkerrechtlichen Lage abweichen und ist völlig wertungsfrei.
Gestaltung Cover, Umschlag und Faltkartencover: bilekjaeger_Kreativagentur mit Zukunftswerkstatt, Stuttgart; Gestaltung Innenlayout: Langenstein Communication GmbH, Ludwigsburg
Spickzettel: in Zusammenarbeit mit PONS Langenscheidt GmbH, Stuttgart
Texte hintere Umschlagklappe: Lucia Rojas
Konzept Coverlines: Jutta Metzler, bessere-texte.de
Printed in China

MARCO POLO AUTOR
MIRKO KAUPAT
Masuren und Mirko – das gehört einfach zusammen. Irgendwann hat er mal für 'n Appel und 'n Ei dort ein Grundstück mit Seeblick gekauft, dann jahrelang Geld gespart und endlich mit seiner Frau ein Häuschen darauf gebaut. Er sagt, es gibt nichts Schöneres, und er muss es ja wissen. Polnisch spricht der gelernte Journalist fließend, was dort auch nie schaden kann.

BLOSS NICHT!

FETTNÄPFCHEN UND REINFÄLLE VERMEIDEN

ALKOHOL IN DER ÖFFENTLICHKEIT TRINKEN

Abends mit Freunden an der Uferpromenade noch eine Flasche Bier oder Wein zum Sonnenuntergang? Offiziell ist das leider verboten. Wenn man unauffällig ist, wird sicher auch mal ein Auge zugedrückt. Restaurants und Straßencafés haben eine spezielle Lizenz.

AUF DIE KIRCHENWÜRDE PFEIFEN

Im katholischen Polen kommt es nicht gut an, sich in Kirchen so locker-flockig zu verhalten wie in einem Museum. Noch strenger hält es die russische Orthodoxie, das solltest du vor allem im Altgläubigendorf Wojnowo beachten.

DUNKELSEGELN

Als kürzlich ein millionenschwerer Promi-Filmproduzent nachts tödlich auf dem Wasser verunglückte, war das Thema wieder in aller Munde: Die masurischen Seen können durchaus tricky sein. Deswegen gilt prinzipiell ein Nachtverbot für Segler, Motorboote und andere Wassersportler. Also: immer rechtzeitig den Hafen ansteuern.

BLITZER IGNORIEREN

Vielerorts stehen fest installierte Blitzer, vor denen in der Regel „Fotoradar"-Schilder warnen. Immer öfter werden die Bescheide per Amtshilfe ins EU-Ausland weitergeschickt, rechtlich ist das längst möglich. Übrigens wird in Polen auch „von hinten" geblitzt.

RUSSLANDS GRENZE TESTEN

Die Grenze zur Exklave Kaliningrad mag aussehen, als würden die Zäune demnächst von der Wildnis verschluckt – doch was du siehst, ist nur der Saum einer ca. 1 km breiten Zone aus mehreren Sperranlagen. Keine Mutproben! In Kriegszeiten kann das lebensgefährlich werden.